“DANS LA BOUCHE D’UNE FILLE”

Sous la direction d'Astrid Toulon

Sélection et montage des fragments :
Astrid Toulon et Luna Baruta

DANS LA BOUCHE D'UNE FILLE

Fragments sur le sexisme et le conditionnement de genre

Ont participé à l'écriture de ce recueil :

Astrid Toulon
Luna Baruta
Valérie Thierry
Enissa Bergevin
Louise Pothier

Laure Berbey - Nina Bernard - Sara Bourre
Julia Cultien - Chloé Devis - Aurélia Ferrière
Claire Foucherot - Camille Galland - Khadoudja Hafni
Barbara Krief - Anne-Laure Lamberton
Charlotte Marinière - Marie Pierre Redon
Marjolaine Satger - Leslie Senelet
Valérie Sourdieux - Marlène Tissot

ALBIN MICHEL

AVANT-PROPOS

À force de discussions avec mes amies sur nos expériences en matière de remarques sexistes subies, j'ai eu envie de noter chaque événement où je me disais : « Ça, je le vis parce que je suis une femme »; que ce soit dans la rue, au travail, chez le médecin…, en tout lieu et en toutes circonstances. L'idée d'un livre est venue rapidement, il m'a semblé évident qu'il serait plus riche s'il était écrit à plusieurs mains, en multipliant les âges, les profils, les vécus…

Le collectif a donc émergé en 2012. Le choix sur la forme s'est orienté vers des fragments courts, au « tu », un parti pris commun de style permettant de rendre plus fluide la lecture. Quant au propos, la contrainte était de partir du réel, de témoigner de ce qu'on avait vécu, vu, entendu, pensé… Mettant en lumière le sexisme, de la remarque la plus « anodine » à la violence la plus insupportable, et les chemins qui peuvent les relier… Autant ce qui « venait de l'extérieur » que l'intériorisation et la reproduction inconsciente des diktats sociétaux de genre.

Avec Valérie Thierry, nous avons organisé des séances de travail. Nous nous réunissions tous les quinze jours dans un café (d'autres participantes nous envoyaient par mail leurs fragments, car le collectif s'était étendu à plusieurs villes de France). C'était toujours un plaisir de se retrouver, et malgré les sujets abordés, parfois difficiles, nous avons aussi beaucoup ri. C'est impressionnant, alors que l'on est pourtant informées, d'arriver à être toujours estomaquées de certaines situations. Nous avons été surprises du côté inépuisable du sujet. C'est pendant ces séances de travail que le « noyau dur » du collectif s'est formé avec Valérie Thierry, Luna Baruta, Louise Pothier, Enissa Bergevin et moi-même.

Avec Luna Baruta, nous avons imprimé un fanzine avec une partie de notre corpus, il s'est diffusé de bouche à oreille, pendant des lectures publiques que nous donnions avec le collectif et via Internet. Puis nous avons entamé le travail de sélection des fragments et de montage du texte qui deviendrait le recueil que vous avez entre les mains.

Parallèlement à la finalisation du livre, Enissa Bergevin et Louise Pothier ont eu l'idée de créer un compte Instagram. À l'origine, il s'agissait de publier des extraits de notre propre corpus en lui donnant ainsi un autre moyen de diffusion que les lectures et le fanzine. Mais, très vite, nous avons reçu des centaines de témoignages, si bien que notre compte s'est transformé en une plateforme de prise de parole. Cela ne pouvait pas mieux tomber, le but étant de donner voix à un maximum de personnes, de partager cette expérience commune du sexisme subi au quotidien.

Le texte que vous allez lire est le fruit du travail de groupe en présentiel et en distanciel du collectif. Il n'a que très peu été diffusé sur Instagram. Nous proposons une expérience différente, complémentaire de celle, fractionnée et quotidienne, du compte. Les fragments ont été ici agencés en chapitres, et ainsi le recueil est conçu pour être lu de façon linéaire, comme un flot ininterrompu de paroles. Bien qu'il soit écrit à plusieurs mains, cet assemblage n'est pas pour autant exhaustif : le sujet est si vaste… Nous voyons donc une complémentarité entre ce livre et notre compte. N'hésitez pas à partager vous aussi, si vous le souhaitez, vos témoignages avec nous.

Astrid Toulon

Lorsque tu cherches sur Google des synonymes pour « femme », tu trouves les propositions suivantes : rombière, bobonne, femelle, pimbêche, muse, commère, créature, marâtre, poule, gonzesse, morue, poupée, greluche, jument, bitch…

Lorsque tu cherches des synonymes pour « homme », les mêmes sites te proposent les termes : être, étalon, âme, individu, être humain, combattant, gaillard, humain, masculin, monsieur, personne, soldat, citoyen…

“TU MARCHES DANS LA RUE”

Tu marches dans la rue et tu entends : « Très joli corps. »
Tu marches dans la rue et tu entends : « Pétasse. »
Tu marches dans la rue et tu entends : « Connasse. »
« Pute. »
« Sale pute. »
« Cochonne. »
« Tu suces ? »

Quand, dans la rue, un homme te dit que tu es jolie, tu t'obliges à sourire et à dire merci. Même si tu n'en as pas envie.

Il t'interpelle depuis le trottoir d'en face : « Appétissante ! »

Quand il te demande s'il peut faire un bout de chemin avec toi, tu déclines. À ta grande surprise, il répond poliment : « Bonne journée alors ! » Tu souffles, soulagée, tu as réussi à éviter les remarques vulgaires. C'est alors que dans ton dos tu l'entends interpeller ses potes : « Putain, elle avait un de ces culs, celle-là ! »

Tu aimerais qu'ils comprennent que tu te fous de leur avis sur ton physique.

Tu aimerais hurler que tu ne te résumes pas à une paire de nibards et à un p'tit cul rebondi.

Dans la rue, tu entends : « Très bandante » sur ton passage, tu t'apprêtes à te retourner et à envoyer chier le connard qui t'a balancé ça. Mais tu t'arrêtes : et si ce n'était pas à toi qu'il s'adressait ? Tu passerais alors pour une prétentieuse.

Tu discutes dans un bar avec un copain. Une jolie fille passe. Il tourne la tête, la scanne des pieds à la tête, mate ses fesses, tout en continuant à te parler. Puis il te regarde et s'étonne que tu l'aies grillé.

Tu sors pour acheter des croissants, à peine réveillée, en jogging et pull informe, les cheveux gras. Un homme adossé contre un mur commente sur ton passage : « Joli, tout ça. » Qu'on ne vienne plus te dire que c'est à cause de tes jupes courtes que tu te fais accoster…

Un mec te prend en stop. Vous commencez à discuter lorsque, au bout de cinq minutes, il cache avec son pull l'érection naissante qui déforme son jogging. Il te regarde en coin : « Ouais, désolé. Mais t'es super bandante. »

Sur le trottoir, deux cents mètres plus loin, deux types fument leur clope. Tu vas devoir passer devant eux. Tu sais qu'ils vont mater ton cul. Et la première pensée qui te vient, c'est qu'ils vont être déçus.

Non, qu'un passant qualifie ton corps d'un : « C'est joli, *ça* » n'est pas « gentil », « mignon » ou « pas bien méchant », c'est condescendant, offensant et déplacé.

Un jour, tu t'es amusée avec des copines à mater ostensiblement les hommes dans la rue, à les siffler, à balancer des petites remarques pleines de sous-entendus. Ça n'a pas eu l'air de les amuser beaucoup.

Face à toi dans la rame du métro, tu ne peux ignorer le tissu tendu du pantalon, ses jambes bien écartées qui empiètent sur l'espace des deux femmes qui l'entourent de part et d'autre. Leurs cuisses serrées ou l'une sur l'autre pour éviter le contact, elles semblent rétrécir à vue d'œil.

Tu as vingt ans, tu entres dans un café : que des hommes. Ils se retournent, et te scrutent. Tu es là comme une intruse.

Sur le trottoir, quand il n'y a pas assez de place pour se croiser de face, tu as remarqué que c'est toujours toi qui te décales, jamais le mec d'en face. Quand c'est une autre femme, vous vous laissez passer mutuellement.

Tu rentres seule, à pied. Il est quatre heures du matin, tu refuses d'avoir peur, tu veux montrer que la rue n'appartient pas aux hommes. Mais derrière toi, il y en a un qui te suit, t'aborde, te parle. Non, tu ne veux pas boire un verre. Ça dure dix très longues minutes. Non, tu ne veux pas le revoir. Il t'oppresse et ça y est, tu as peur. Tu sautes dans un taxi et, encore sous le coup de l'émotion, tu expliques ce que tu viens de subir au chauffeur. Lui te regarde dans le rétroviseur et lâche : « En même temps, on le comprend, ce monsieur. »

Dans le métro, un homme t'invite à boire un verre. Gentiment, tu déclines l'offre. Vexé, il fouille dans sa poche et te tend un billet de cinquante euros d'un air entendu.

Tu aimes l'ambiance des troquets, t'installer au comptoir et boire une pinte. Pas envie de parler. Être seule avec ta bière. Mais à chaque fois, des mecs t'accostent, insistent pour te payer un verre, veulent te raccompagner.

L'été approche, il fait beau, tu vas bouquiner au parc municipal, allongée dans l'herbe. Tu te feras interrompre plusieurs fois par les dragueurs qui font leur ronde.

La nuit commence à tomber, tu es seule, debout sur le trottoir, tu attends un ami qui doit passer te prendre en voiture. Tu vois bien que les hommes te regardent bizarrement, tu vois bien qu'ils se demandent si tu n'es pas une professionnelle.

Le comble, c'est qu'il se croit au top de l'inventivité quand il te sort : « T'as un mec ? Pas grave, j'suis pas jaloux. »

Tu aimerais parfois que le monde ne soit peuplé que de femmes... Tu te sentirais enfin libre de tes mouvements.

Un soir où le temps est doux, avec trois autres copines, vous buvez tranquillement une bière sur les quais. Un gars s'incruste et vient s'asseoir à côté de vous. Ses premiers mots sont : « J'vous préviens, moi j'suis un macho, mais si vous m'offrez une bière, j'suis prêt à respecter les femmes. »

À chaque fois que tu vois un mec cracher dans la rue, tu l'imagines en gros matou qui pisse pour marquer son territoire.

En croisant un homme à la sortie du tramway, tu entends : « Je peux téter tes beaux seins ? » Tu penses que ce n'est pas possible, que tu as forcément mal compris, alors tu ne réagis pas, au cas où tu aurais rêvé.

Tu viens d'arriver à Toronto, tu lui demandes quels sont les quartiers à éviter le soir, lorsqu'on est une fille. Il hausse les sourcils : « Bah, aucun, tu peux bien aller où tu veux. » Tu n'arrives pas à y croire.

L'enfer sur terre : quand tu passes toute seule devant un chantier.

Pour un nouveau travail, tu emménages dans une grande ville. Très vite, te faire accoster tout le temps dans la rue t'insupporte, tu te sens oppressée. Alors tu quittes ton boulot et déménages.

Tu rentres chez toi la nuit avec une amie, vous passez, en discutant, sur une place bondée. Sifflements d'un groupe d'hommes, l'un d'eux vous interpelle : « Vous faites quoi pour vingt euros ? »

Dans le tramway, un grand type très baraqué t'observe avec insistance. Au moment où tu vas sortir, il annonce d'une voix grave : «Je vais te manger, toi.»

Ce gars qui te dragouille au bar n'est pas bien méchant. Tu décides d'être sympa et de ne pas l'envoyer chier trop violemment. Alors il prend ses aises et, au bout d'un quart d'heure, il colle sa main sur tes reins.

Il attend de t'avoir croisée pour lâcher dans ton dos un «Vous êtes charmante, mademoiselle». Tu ne te retournes pas. Il crie pour que tout le monde l'entende : «Tu te prends pour Miss France ou quoi ? Salope !»

Tu essayes de te persuader que leurs remarques ne t'atteignent pas.

La première fois que tu as vu un pénis en érection, c'était celui d'un exhibitionniste qui se masturbait dans sa voiture. Tu aurais préféré qu'il en soit autrement.

Il te suit en douce dans la piscine municipale, essaye de t'attraper. Puis il part vers les douches, tu l'aperçois se branler. Tu as onze ans. Tu as peur qu'il t'attende dehors.

Deux types te demandent leur chemin, tu ne connais pas cette rue. L'un d'eux rétorque : « Tu veux pas nous sucer la bite alors ? »

Tu marches dans la rue et tu entends : « C'est combien ? »

En sortant de ton boulot, tu te fais suivre par un homme qui insiste : « Tu veux pas venir chez moi ? J'vais pas te violer, tu sais ! Ouh là ! T'es un peu coincée, toi ! »

Tu apprends à mettre le mot « violence » là où il est, même si ça ne te semble pas toujours une évidence.

C'est samedi soir, tu as seize ans, tu viens de boire quelques bières avec une amie, vous êtes un peu bourrées. Dans une rue piétonne bondée du centre-ville, un groupe d'hommes vous encerclent. Vous essayez de vous en débarrasser, mais ils ne vous lâchent pas. Tu interpelles des passants, ils te regardent l'air amusé, sans réagir.

Ce groupe de mecs attroupés là-bas, tu les vois venir à quinze kilomètres, tu sais qu'ils vont te mater, tu sais qu'ils vont siffler, tu sais qu'ils vont sortir une remarque. Mais tu ne peux rien y faire. Si tu changes de trottoir, ça sera pire encore.

Tu as cinq ans, dans le métro un homme se rapproche et met son sexe devant ton visage. Ta mère se retourne et s'en aperçoit : « Non, mais ça va pas, non ? » Personne ne bronche. Vous descendez à la station suivante.

Tu descends l'avenue qui mène chez toi. Tu aperçois, un peu plus loin, un groupe de mecs. Tu baisses la tête, retiens ta respiration, ton rythme cardiaque s'accélère.

Tu rentres chez toi, il est tard… Un homme pisse contre un mur, lorsque tu arrives à sa hauteur il se retourne, la bite à la main : « Tu suces ? »

On t'interpelle : « Un si joli visage, c'est dommage de ne pas sourire. »

Tu vas bosser. Dans une rue, un groupe d'une quinzaine de gamins de dix à douze ans. L'un d'eux s'adresse à toi : « On va te violer, toi. » Tu réponds : « Il faudrait déjà que tu aies ce qu'il faut pour ça ! » Ils t'insultent, puis t'entourent, et te frappent.

L'*Avis sur le harcèlement sexiste et les violences sexuelles dans les transports en commun*, publié le 16 avril 2015 par le Haut Conseil à l'Égalité entre les hommes et les femmes, révèle que « 100 % des utilisatrices des transports en commun interrogées disent avoir subi, au moins une fois dans leur vie, des violences sexistes et sexuelles ».

On t'explique que c'est normal de se faire tout le temps draguer pour une « jolie fille comme toi ».

Il est vingt-trois heures, tu traverses la place de l'Hôtel-de-Ville. Tu croises un grand baraqué au regard rougi. Dans ton dos, tu l'entends se racler la gorge. Tu sens quelque chose de froid et visqueux atterrir sur ta nuque. Tu ne dis rien, tu ne te retournes pas. Tu attends d'être hors de sa vue pour t'essuyer d'une main tremblante.

Tu aimerais que ton corps disparaisse.

Tu hésites à mettre des talons quand tu sors le soir, tu as peur de faire du bruit dans les rues désertes.

Avant de taper le code d'entrée de ton immeuble, tu vérifies toujours autour de toi qu'il n'y a personne.

Quand le métro est bondé, tu as toujours peur de recevoir une main au cul.

Tu as dix ans. Tu apprends qu'une femme a été violée dans ton quartier, hier soir vers minuit. Ta mère commente : « Qu'est-ce qu'elle faisait dehors à cette heure-là ? » Depuis, tu es mal à l'aise dès que la nuit tombe. Tu frôles les murs, tu as peur, tu te sens coupable d'être là.

Tu vas bientôt emménager à Paris. Tu appréhendes d'arpenter le soir les longs couloirs sinueux du métro.

Tu as quinze ans. Tu sens dans la rue le regard des hommes sur tes seins. Tu te sens déshabillée, salie. Pendant longtemps, tu porteras des pulls, même en été.

Cette colère envers toi-même lorsque tu réponds par un sourire puis en baissant la tête à ce type qui te lance un « T'es bonne ! » en pleine rue, alors que tu aimerais lui en mettre une.

La peur lorsque tu rentres tard chez toi et que tu croises un groupe d'hommes alcoolisés sur le trottoir. Tu serres les dents, tu prends l'air tranquille et sûre de toi. Ne surtout pas leur montrer que tu les crains, la peur excite les fauves…

Tu préfères te prendre des PV plutôt que de te garer dans un parking sombre.

Tu fais du stop, on admire « ton courage ».
Tu fais du stop, tu évites de monter quand il y a plus de deux mecs dans la caisse.

Tu fais du stop, tu tomberas forcément sur un type qui te fera une proposition sexuelle.
Tu fais du stop, tu dégageras parfois vite de la voiture.
Tu fais du stop, tu maudis la fermeture centralisée.
Tu fais du stop, tu resteras toujours plus vigilante que si tu étais un mec.

Tu as douze ans, tu passes à côté d'un chantier, c'est l'été. Un ouvrier t'interpelle : « Ça pousse, hein ? » Tu regardes ton débardeur, tu te fais la réflexion qu'il est sûrement un peu trop moulant.

On te sort le catalogue des situations à éviter pour ta sécurité : sortir la nuit, voyager seule, porter certains vêtements, comme si les femmes étaient responsables des violences qui leur sont infligées.

Ces « bonjour » bien trop appuyés dans la rue.
Ces « au revoir » que tu leur gueules, excédée, en guise de réponse.
Ces regards qui durent, qui durent, alors que tu n'en veux absolument pas.
Cette sensualité dont tu ne veux pas.

Tu as vingt ans, un samedi après-midi dans les couloirs du métro. Tu sens une main se poser sur tes fesses. Tu te retournes et fais face au jeune homme, tu le traites de connard, rouge de colère. Il le prend mal.

Tu es prête à te battre. Ils sont pourtant dix autour de toi, lui et ses copains. Mais ça ne te fait pas peur. La rage est plus forte que tout.

Dès que tu vas croiser un homme qui risque de te siffler ou de t'accoster, tu te coupes de la réalité, tu penses à autre chose, tu empêches le son d'entrer dans tes oreilles, et surtout, tu regardes ailleurs.

Quand un mec t'agresse verbalement, tu fais comme si tu n'avais rien entendu. Personne ne sait que tes mains tremblent.

Tu t'habilles et te maquilles quand tu passes la journée chez toi. Tu t'attaches les cheveux, enfiles un jean et un pull informes pour sortir.

Tu vois une fille qui se fait emmerder dans le train. Tu n'oses pas interférer. Tu baisses les yeux et essayes de reprendre ta lecture.

Tu es assise dans un métro peu fréquenté, un homme vient se poser en face de toi, ouvre sa braguette et en sort un sexe flasque. Tu cries bien fort pour que tout le monde t'entende : « Mais tu te sens pas un peu ridicule, là, avec ta bite à l'air ? » Le type sursaute, bondit de la banquette sans prendre la peine de ranger son bazar et s'en va penaud, sous les regards éberlués des usagers.

Non, tu ne t'appelles pas « Hé, psst ! » Qu'il essaye encore… pour voir.

Parfois, tu t'en veux de ne pas répondre, de ne pas réagir. Parfois, tu te demandes : « À quoi bon ? »

Tard le soir dans le métro, tu ne lèves pas les yeux du sol, tu évites le moindre contact visuel.

Il est tard, la rue est déserte, tu sens une présence derrière toi, un bruit de pas, une respiration. En une seconde, tu dégaines ton portable. Tu fais mine d'appuyer sur les touches, tu le colles à ton oreille et parles au vide avec une voix la plus assurée possible.

Longtemps, tu as bravé les interdits. Tu rentrais seule, à pied, quelle que soit l'heure du jour ou de la nuit. Et puis un jour, tu t'es mise à avoir peur. Cette peur t'a rendue prisonnière.

Tu as longtemps habité avec ton cousin costaud. C'est fou ce que c'est pratique pour rentrer des soirées.

Dans ta cité, le seul moyen d'être respectée, c'est de porter des joggings et de marcher comme un garçon.

Quand tu entends des pas derrière toi, tu regardes les reflets des vitrines pour voir si quelqu'un te suit.

Tu rentres chez toi après une journée bien chargée, un gars t'aborde : « Hé, ça te dirait d'aller boire un verre ? » Tu es fatiguée, tu veux régler ça vite, tu prends un ton légèrement mielleux : « Ça aurait été avec plaisir, mais ça m'étonnerait que mon copain soit très partant. » Il te fait un clin d'œil : « Ah, OK. Bonne soirée ! » Tu t'en veux d'avoir utilisé la technique de la « chasse gardée », mais c'est tellement pratique, ça marche à tous les coups, solidarité masculine oblige.

L'heure du dernier métro approche, tu aimerais bien rester plus longtemps à cette soirée, mais tu sais qu'il faudra ensuite rentrer à pied, seule. Alors tu t'en vas.

Il est trois heures du matin, tu quittes une soirée, tu as une demi-heure de marche pour rentrer chez toi. Dans la cage d'escalier, tu te prépares : tu abaisses la capuche de ton sweat, voûtes tes épaules et prends une démarche virile.

Et si tu marchais comme si la rue était aussi ton espace ?

Trois heures du mat'. Quand tu descends du bus de nuit, un homme te suit. Tu te retournes et lui demandes, avec tout l'aplomb dont tu te sens capable, s'il veut te suivre jusqu'au commissariat qui se trouve deux rues plus loin. Il semble surpris et déconcerté : il bredouille deux ou trois mots avant de faire demi-tour. Enfin rentrée chez toi, tu respires, fière de toi : tu as été capable de ne pas te laisser tétaniser par la peur face au prédateur…

Il y a ces soirs où tu as envie de te battre avec le premier type qui te regarde.

Avant de partir en soirée, tu vérifies cinq fois que ton trousseau est bien dans ton sac. Pourtant tu ne verrouilles jamais ta porte. Mais tu as peur seule la nuit quand ils te regardent passer en ricanant ou en sifflant. Tu sais que tu rentreras chez toi une clé entre chaque doigt, prête à te battre si besoin.

Tu te prépares pour une soirée.
Tu te fringues.
Tu te maquilles.
Tu te coiffes.
Tu te parfumes.
Tu enfiles des chaussures à talons.
Tu desserres les lacets.
Tu les resserres un peu.

De ton pied droit, tu appuies sur ton talon gauche pour t'assurer que la chaussure glisse. Même manœuvre pour l'autre pied. Tu t'assures que tu peux te déchausser rapidement pour courir.
Tu es prête à y aller.

Tu aimerais bien que le pire qu'il puisse t'arriver, ce soit de te faire péter le nez.

Tu es fatiguée
de ces types dans la rue qui te demandent une clope… et ensuite ton numéro.
Tu es fatiguée
de te faire aborder et suivre dans la rue dès que tu rentres seule le soir.
Tu es fatiguée
de devoir continuellement expliquer que NON, c'est NON.
Tu es fatiguée
de ces gars qui te sifflent et, parce que tu les remballes, se mettent à te cracher dessus.
Tu es fatiguée
de t'enfuir en courant en espérant être plus rapide.
Tu es fatiguée
de ne pas savoir te battre.
Tu es fatiguée
de le regretter.

« IL FAUT SOUFFRIR POUR ÊTRE BELLE »

Tu feuillettes un magazine féminin, et tu n'y comprends rien. On te conseille de croire en toi en te montrant des filles parfaites auxquelles tu ne ressembleras jamais. On te colle un article sur une féministe entre deux pages de mode. Tu intériorises ce double discours permanent, cette schizophrénie quotidienne.

Les rares fois où tu ne te maquilles pas, on trouve que tu as l'air fatiguée, que tu as « une tête bizarre ».

Tu es enceinte de jumeaux, ton gynécologue te reproche de prendre trop de poids.

Depuis que tu as dépassé quarante-cinq ans, les hommes t'abordent moins dans la rue, dans les bars… C'est sûrement le respect dû à l'âge…

Quand tu étais plus jeune, tu avais l'impression de devoir toujours être parfaitement maquillée et épilée.

Aujourd'hui, tu t'énerves en repensant à tout ce temps et cet argent sacrifiés sur l'autel des normes attendues.

Refuse l'échantillon gratuit de crème de nuit contre les pores dilatés, tu n'as pas besoin de nouveaux complexes.

Tu as acheté des escarpins avec dix centimètres de talons pour être plus «féminine». Dix ans plus tard, ils trônent toujours sur l'étagère, histoire de te rappeler que tu n'as jamais été foutue de marcher avec ce genre de trucs.

Quand tu étais ado, tu ne mettais que des vêtements de couleur sombre parce qu'un jour tu avais entendu qu'ils affinaient la silhouette. Aujourd'hui, tu prends un malin plaisir à porter toutes les couleurs qui te font envie, sans te poser de questions.

C'est la pause déjeuner. Un collègue pointe le ventre arrondi de Julie, enceinte de six mois : «Tu vas voir, après l'accouchement la peau est toute flasque et pleine de vergetures. Pour cet été, tu peux oublier le bikini, t'as intérêt à t'acheter un une-pièce.»

Les trois quarts de tes copines sont au régime en permanence, quels que soient leur poids ou leur morphologie. Tu ne comprends pas, tu les trouves belles comme elles sont.

Tu n'as pas assez d'argent pour t'acheter du maquillage en quantité, de la belle lingerie, tu te sens exclue du monde de la « véritable féminité ».

Comme tu n'as pas assez de thunes, tes produits de maquillage sont de mauvaise qualité et t'irritent, te donnent parfois des boutons. Honteuse, tu les caches sous une épaisse couche de fond de teint, lui aussi premier prix.

Tu préfères sortir la nuit : les gens remarquent moins tes défauts.

Tu n'arrives pas à partir de chez toi sans t'être coiffée, maquillée, changée.

Tu t'aperçois qu'il y a parfois un décalage entre le discours que tu tiens et la manière dont tu agis.

Tu es plus à l'aise avec les gens quand tu as le maillot épilé. Même si ces personnes ne te verront jamais à poil.

Pour Noël, ta sœur t'a offert un soin du visage chez une esthéticienne. Elle dirige une lampe néon en plein sur ta figure et vient presser de ses ongles, telle une furie, chacun de tes points noirs. La gueule rouge et bouffie, des larmes de douleur dans les yeux, tu appelles ta sœur une fois le calvaire fini : « Mais qu'est-ce que je t'ai fait pour mériter ça ? »

Tu n'as pas assez d'argent pour aller chez l'esthéticienne alors tu te rases, et tes poils repoussent très vite, très drus.

Nous sommes le vingt du mois et tu es déjà à découvert. Tu résistes un moment puis tu achètes quand même ton tube de crème raffermissante.

Tu hallucines sur la différence de budget « soins et hygiène » entre ton copain et toi. Tu t'énerves en pensant à la parfaite cible marketing que tu as été pendant des années.

Tu rencontres un garçon que tu aimes bien, tu l'entends expliquer qu'il aime les filles aux cheveux longs. Tu te laisses pousser les cheveux.

Alors que tu verses du parmesan sur tes pâtes, ton mari t'arrache le paquet des mains : « T'as pas besoin de ça. Je te rappelle que c'est pas tes bourrelets qui m'ont plu quand on s'est rencontrés. »

Il te dit que tu pourrais prendre un peu plus soin de toi.

Depuis que tu essayes de ne plus porter systématiquement un soutien-gorge, tu as l'impression de redécouvrir ta silhouette, la forme réelle de ton corps.

Ta petite révolution, c'est d'aller travailler, le plus souvent possible, sans porter de soutien-gorge.

Quand tu es stressée, tu te vernis les ongles pour te calmer. C'est en le racontant à ton copain que tu te rends compte à quel point c'est incongru.

Tu arrives au resto où tu bosses. Le patron te renvoie chez toi pour te changer, car tu n'es pas en jupe. Tu le laisses te hurler dessus, sans pouvoir détacher les yeux de son jean, troué aux genoux.

À la sortie du nouveau *Star Wars*, tu as halluciné de voir toutes les critiques que Carrie Fisher a dû encaisser sur son soi-disant « mauvais vieillissement », alors que Harrison Ford, lui, n'a jamais eu droit à ce genre de commentaires.

Tu ne comprends pas que tes copines lesbiennes soient encore plus sévères que des directrices d'agence de mannequins en matière d'épilation et de capitons.

Et puis tu réalises à quel point la manipulation est grande.

Quand tu ronges tes ongles, que tu ne peignes pas tes cheveux et que tu t'habilles comme un mec, tes copines et tes collègues de boulot te suggèrent de faire un effort de féminité parce que « c'est pas comme ça que tu vas le garder, ton homme ».

Tu fais une taille 40, tu ne prends même pas la peine d'entrer dans certains magasins de prêt-à-porter, tu sais d'avance que tout te sera trop petit.

Ton copain aimerait que tu portes des strings, mais tu ne veux pas, tu n'aimes pas ça, et tu trouves ça inconfortable. Pour ton anniversaire, il t'offre un ensemble de lingerie avec… un string… Alors, heureuse ?

Tu aimes porter des strings, tu te sens à l'aise, sexy. Tu ne lui demandes pas son avis mais ton compagnon te le donne quand même : les strings, il trouve ça moche, vulgaire.

Tu te demandes d'où vient cette idée saugrenue que « prendre soin de soi » a un quelconque rapport avec un après-midi chez l'esthéticienne.

Tu n'es jamais sortie avec des hommes plus minces que toi. Tu supposes que c'est par goût, que tu « n'aimes pas » les hommes trop minces. Tu n'oses pas t'avouer que c'est par peur d'être la plus « forte » du couple.

Il a vingt kilos de trop et plus beaucoup de cheveux. Tu l'entends faire une blague devant vos amis sur tes fesses, plus aussi rebondies qu'autrefois.

Au cinéma, il y a les acteurs : jeunes ou vieux, beaux ou laids, gros ou maigres, chauves ou chevelus. Et puis il y a les actrices : jeunes et belles et grandes et minces et lisses.

Chez les actrices, tu ne vois que deux catégories : les belles et les drôles.

Tes trois copines enceintes ont la même peur : que leur mec les trompe.

Tu lis dans un article que 15 à 20 % des jeunes filles utiliseraient des produits pour éclaircir la peau. Très toxiques, ils provoquent plusieurs « effets secondaires », allant des taches à la défiguration en passant par le diabète.

Ton conjoint te l'affirme avec aplomb : à trente ans, une femme est plus désirable qu'à cinquante ans. Tu as quarante-cinq ans, tu te sens déjà périmée, bonne à jeter.

Quand tu tombes nez à nez avec une publicité pour un ensemble de lingerie que tu possèdes, mais porté sur une plastique parfaite, tu ressens un vague sentiment d'imposture. Comme si tu gâchais le travail des couturiers.

Lorsque ton sexe est épilé en un minuscule « ticket de métro », tu le trouves excitant et plutôt mignon. Mais lorsque les poils l'envahissent, il devient à tes yeux un petit animal repoussant.

Ton mari soupèse ton bras, en fait bouger la graisse que tu essayes tant bien que mal d'oublier : « Vous voulez vraiment tout faire comme les hommes, hein ? L'alcool, les cigarettes… et les kilos en trop ! »

Tu remarques que les couples hétérosexuels au cinéma répondent tous au même schéma : l'homme est légèrement plus grand que la femme et celle-ci a, en moyenne, vingt ans de moins.

Dans tes rides, tu vois tes fous rires, tes après-midi ensoleillés, tes expériences de vie. Pas si mal, finalement.

Tu décides de ne plus faire de couleur, d'assumer tes cheveux blancs. Malgré les remarques et les regards désapprobateurs.

Cela ne fait pas quinze jours que vous êtes ensemble et il a déjà des exigences sur la coupe de ton épilation maillot.

Quand on te complimente, qu'on trouve que tu es jolie, tu ne peux pas t'empêcher de te sentir flattée.

Tu aimerais te foutre de ton apparence, mais tu n'y arrives pas.

Tu apprends que, par peur de trop grossir, certaines femmes enceintes font des abdos et des haltères tous les jours, malgré les contre-indications des médecins.

En plein open space, un directeur de création explique à ses ouailles qu'après un accouchement, une femme doit redoubler d'efforts pour reconquérir son mari.

Tu en as assez de voir au cinéma des grands-mères jouées par des femmes de quarante-cinq ans, des mères qui semblent avoir à peine cinq ans de plus que leur rejeton.

Tu regardes cette fille au corps « parfait ». Tu te surprends à penser que si tu lui ressemblais tu serais plus heureuse.

Tu te rends compte qu'on ne t'aime pas pour ton originalité, mais pour ta capacité à réussir à ressembler à toutes les autres.

Quand tu observes les affiches de films dans la rue, tu as une drôle de sensation. Ce sont les mêmes actrices qu'il y a trente ans, mais leur visage semble avoir à peine changé, comme si le temps s'était figé. Tu as l'impression d'être dans une autre dimension, où tu serais la seule à vieillir.

Tu es mal à l'aise pour marcher, pour t'asseoir... Pour faire plaisir à ton homme, tu as mis des bas-jarretelles.

Tu ne peux prendre du plaisir dans le sexe que si tu as un peu bu. Sinon, tu n'arrives pas à penser à autre chose qu'au jugement du mec sur ton corps.

Tu as quitté ton mari quand tu avais trente-quatre ans. Comme tu ne t'es jamais remise en couple, à quarante-cinq ans tu regrettes ; tu as l'impression que tu ne plais plus aux hommes, que tu n'attises plus le désir. Tu as peur de finir seule.

Quand exceptionnellement tu mets une culotte au lieu d'un string, il te lance « pour rire » qu'il est revenu, le temps des grands-mères.

Tu n'en peux plus d'entendre : « En vieillissant, les hommes se bonifient, les femmes se gâchent. »

Certaines de tes amies te soutiennent qu'à cinquante ans, tu ferais mieux de te couper les cheveux : ça fait plus « propre », plus « net » pour une femme de ton âge. C'est ce que tous les magazines féminins recommandent aussi. Pourtant tu continues ton chemin, cheveux au vent.

Tu as déjà refusé de coucher car tu n'étais pas épilée.

Tu préfères baiser dans le noir, tu n'aimes pas qu'on te voie nue.

Quand tu viens de t'épiler « le maillot », tu jouis plus rapidement, tout excitée à la vue de ce sexe soi-disant plus sexy.

Tu regardes à l'écran ces vieilles femmes liftées. Elles te dégoûtent. En même temps, tu n'arrives pas à accepter que ton corps décline.

Tu te balades dans la rue avec ton compagnon. Tu le vois regarder les jeunes femmes, tu souffres, mais tu ne dis rien. À soixante-deux ans, tu te sens vieille, grosse, flasque.

À cinquante ans, on dit de toi que tu restes encore une belle femme… Et après ? Quand les « restes » de ta jeunesse se seront estompés, que dira-t-on ? Que tu es vieille ? Et alors ? Tu t'en moques, tu ne t'es jamais sentie aussi bien dans ta peau.

Tu te répètes en boucle que, non, la ménopause n'est pas une maladie.

En boîte échangiste, tu as longuement regardé les autres femmes. Il y avait toutes sortes de seins, des sexes épilés, d'autres non. Cela t'a fait du bien de voir cette diversité, de voir des corps variés, humains.

Tu comprends que tu n'as pas à voir la beauté d'une autre femme comme une menace.

Tu essayes de changer ton regard, de ne plus te comparer, de ne plus jalouser.

Tu trouves que c'est quand même mal foutu : plus tu vieillis, moins ton corps correspond aux normes sociales, et mieux tu te sens dedans.

Tu adores croiser dans la rue de vieilles dames avec les cheveux roses ou des tatouages partout. Elles semblent avoir brisé leurs chaînes, ça te fait envie.

Lors d'une réunion d'équipe, ton patron, soixante-deux ans, déclare : « De toute façon, moi, une femme qui a plus de trente ans, ça ne m'intéresse pas. »

Ton ex a quitté sa femme de vingt ans ton aînée pour se mettre avec toi. Tu regrettes d'être sortie avec un homme capable de cela et d'avoir, toi, joué ce rôle si cliché. Tu penses qu'aujourd'hui tu refuserais ses avances, ne serait-ce que par principe de sororité.

La nuit, quand tout le monde dort, tu lances un DVD et tu montes sur le vélo d'appartement.

Tu découvres qu'il existe une technique pour rajeunir de quinze ans sans passer par le bistouri : le peeling chimique profond. Il s'agit de frotter le visage avec de l'acide. La peau brûle, craque et s'enlève, comme une mue de serpent. En dessous la chair à vif est boursouflée, tendue comme après un lifting.

Tu ne comprends pas comment « Il faut souffrir pour être belle » est devenue une expression courante.

Tu as trente-six ans, ton copain trente ans, ce qui fait officiellement de toi une « cougar », selon la définition de Wikipédia.

Même quand tu essayes de « t'apprêter », tu te sens toujours en décalage, tu n'as pas l'impression de maîtriser les « codes de la féminité ».

Enfant, tu trouvais injuste cette pub Barbara Gould qui insinuait que les rides, chez les hommes, c'est charmant, mais moche chez les femmes. Pourtant, tu te dis que ça a peut-être, quelque part, imprimé en toi cette peur du vieillissement, cette peur de ne plus être désirable.

Tu as trente ans. Tu ne peux pas t'empêcher de penser que c'est un âge où l'on commence à moins plaire. Que ça devient déjà trop tard.

Un jour, un pote t'a dit : « Tu serais parfaite, si on prenait ton corps et la tête de Fanny. »

Depuis l'adolescence, systématiquement, tes fesses, tes cuisses, ton ventre ne rentrent plus dans les vêtements vendus dans les grands magasins. Et cette question : c'est ton corps qui doit s'adapter aux vêtements ou l'inverse ?

Très tôt, tu as compris qu'être une «vraie femme» voulait dire savoir contrôler son corps.

Toi qui à l'origine es plutôt littéraire, à force de compter les calories, tu te fais la réflexion qu'au final tu aurais pu faire carrière dans les mathématiques.

Tu croises un ami que tu n'as pas vu depuis longtemps. Le premier truc qu'il te sort, c'est : «Putain, mais t'as pris grave des seins !»

Tu croises un ami que tu n'as pas vu depuis longtemps. Le premier truc qu'il te sort, c'est : «Putain, merde, t'as perdu des seins !»

Tu joues au volley avec des amis. Tu es en débardeur. Un de tes potes fait les gros yeux en apercevant la touffe sous tes aisselles que tu n'as pas touchée depuis un moment. C'est parti pour des railleries à chaque fois que tu le revois.

Une de tes copines te déclare : «Moi, je ne sors jamais sans fond de teint, par respect pour les autres !» Et elle rigole.

Tu as vingt-cinq ans, un pote pointe du doigt ta poitrine : «Ça y est, ça commence à tomber !» Depuis, tu inspectes tes seins tous les matins dans le miroir.

Tu as vingt-quatre ans, un garçon qui te drague te sort : « C'est original, une fille aux cheveux courts, ça a son charme, mais juste pour une nuit. »

Il t'assure qu'il n'est pas contre les poils, en revanche il ne lèche jamais une fille pas épilée.

Il t'annonce qu'il vient de larguer sa meuf parce qu'elle n'était pas « assez superficielle » à son goût.

Tu as vingt-trois ans, dans ta coloc, vous êtes deux filles et deux garçons. Dans la chambre de ta coloc et dans la tienne, vous avez installé chacune un grand miroir. Il n'y en a pas dans les deux autres chambres.

Tu es fatiguée de ta mère qui te souffle : « Quand même, tu aurais pu te faire belle. »

Tu lis que l'épilation intégrale est déconseillée par les médecins. Tu le répètes à tes copines adeptes de cette pratique, elles te répondent que leurs copains trouvent ça « dégueu » autrement.

Tu as le malheur d'avoir mis un short alors que tu n'étais pas épilée. Depuis, ton coloc t'appelle « le petit chimpanzé ».

Tu constates avec joie que les ados d'aujourd'hui sortent plus facilement poils apparents.

Tu as vingt-deux ans, pour ne pas grossir, quand tu picoles, tu ne manges jamais. Le lendemain, la gueule de bois est terrible.

Tu as vingt ans, ta mère a réussi à te faire entrer dans le crâne qu'à partir de maintenant tu ne grandis plus, tu vieillis.

Tu sais que ta mère t'en veut parce que ton corps représente ce qu'elle a perdu à jamais.

Tu as dix-neuf ans, tu te mets à maigrir, beaucoup, très vite. Tout le monde trouve ça formidable pour l'ancienne ronde que tu es, que tu as l'air « en super forme », refusant de voir tes cernes se creuser et tes os poindre sous la peau.

Quand tu manges en public, tu dois toujours faire attention à ralentir tes gestes, mâcher consciencieusement, surtout ne pas trahir ton envie irrépressible, ton besoin maladif de t'empiffrer.

Alors que tu ne lui as rien demandé, un ami commente : « Le haut de ton corps est très bien, c'est con que t'aies pas de fesses. »

En quelques mois, tu es passée de « trop grosse » à « trop maigre », c'est à ce moment-là que tu t'es rendu compte à quel point le spectre de la normalité était petit.

Tu as dix-huit ans, tu as toujours une glace sur toi pour pouvoir vérifier en tout lieu, à tout instant, l'état de ton maquillage.

Sur un banc, avec un pote, vous analysez chaque fille qui passe devant vous. Tête, seins, cul… Tu as un avis sur tout.

Dans le vestiaire des filles, tu te surprends à envier le soutien-gorge rebondi d'une camarade. L'été d'après, tes seins explosent. Très vite, tu envisages l'idée d'une réduction mammaire. Il te faudra encore quelques années pour accepter ta poitrine telle qu'elle est.

Tu as dix-sept ans, tu te pèses matin et soir. Le chiffre doit toujours être inférieur au précédent.

Tu retournes toujours ta colère contre toi. On ne t'a jamais appris à l'extérioriser.

Tu as seize ans, au lieu de penser à ce que tu voudrais faire de ta vie, tu ne penses qu'à pouvoir rentrer dans un pantalon taille 36.

Tu lis qu'entre les pornos et l'épilation intégrale devenue norme, certains adolescents ne savent pas que les femmes ont des poils.

Tu as quinze ans. Devant toi, une de tes copines se fait épiler le maillot à la cire par sa mère pour la première fois. Elle pleure, crie. Sa mère, impassible, exécute des gestes brusques, secs. Dans ta tête se forme le mot « torture ».

Tu as quinze ans, depuis que tu t'épiles les sourcils, les garçons sont plus attentifs à toi.

Dans les vestiaires après le sport, tu ne peux t'empêcher de reluquer le corps des autres filles. Tu ne peux t'empêcher de comparer leurs seins à tes seins, leur ventre à ton ventre, leurs fesses à tes fesses.

Tu es très mince, au lycée on t'appelle « la planche à pain ».

Tu as quatorze ans, tu te mets des électrodes sur le corps qui envoient des décharges électriques. Ça te paraît LA solution idéale pour se muscler tout en regardant la télé.

Tu as treize ans. Dans les vestiaires du gymnase, les filles de ta classe se moquent de tes jambes où quelques poils blonds se battent en duel.

Tu as douze ans, ta poitrine a à peine commencé à pousser que ta mère t'enseigne déjà la technique de coincer un stylo sous les seins pour vérifier qu'ils ne tombent pas.

Tu as onze ans et tu t'épiles le maillot à la crème dépilatoire.

Tu as onze ans, tu vas dormir chez ta copine. Comme sa mère la force à compter les calories, vous ne bouffez presque rien. Sa sœur, elle, reste planquée dans sa chambre ; depuis plusieurs jours elle n'en sort plus. Ta copine t'explique : « Comme elle ne veut plus manger, elle n'a plus d'énergie, elle dort tout le temps. »

Tu as dix ans, ta mère, esthéticienne, t'épile les jambes à la cire.

Tu lis que grâce au pouvoir du marketing, les magasins de lingerie proposent aujourd'hui des soutiens-gorge à partir de huit ans et des brassières à partir de quatre ans pour développer très tôt chez les petites filles l'habitude d'acheter de la lingerie.

Tu as neuf ans, le mercredi après-midi, ta mère t'emmène à l'institut pour te faire manucurer, pédicurer et masser le cuir chevelu.

Tu as huit ans, ta mère s'épile, la porte de la salle de bains grande ouverte. Tu regardes avec un profond dégoût les poils pris au piège sur les bandes de cire.

Tu as sept ans, tous les soirs, ta mère te démêle les cheveux et te les tresse pour la nuit. C'est très douloureux, tu redoutes cette séance de torture quotidienne. Tu lui as demandé plusieurs fois de les couper au carré, mais elle refuse. Les cheveux longs, c'est tellement plus joli pour une fille.

Tu as sept ans, tu rêves de t'épiler comme ta grande sœur de douze ans.

Sur Internet, tu découvres la photo de couverture des nouveaux carnets de santé : un petit garçon sourit, le bras tendu, la main à plat, quarante centimètres au-dessus de la tête, montrant sa hâte de grandir. À côté de lui, une petite fille, tête baissée, inspecte les chiffres inscrits sur un mètre de couturier qu'elle a enroulé autour de sa taille.

Tu as six ans. Ton frère de seize ans t'appelle « petit boudin » depuis des semaines, tu n'en peux plus. Ça fait rire ton père.

Tu as six ans et tu viens de te faire opérer de l'appendicite. Le médecin de famille explique à ta mère que la chirurgie esthétique pourra cacher la vilaine cicatrice laissée par l'opération : tu pourras te montrer en maillot de bain sans avoir honte.

Tu as six ans, tes parents, encouragés par un pédiatre, te font suivre un régime amaigrissant. Au petit-déjeuner : deux yaourts et une pomme.

Tu as cinq ans, pour Noël, tu reçois une paire de chaussures à talons.

Tu as cinq ans, lorsqu'on refuse de te mettre du rouge à lèvres rouge, tu piques une crise.

Tu lis qu'une étude a démontré que les mères, de façon inconsciente, laissent leurs petits garçons téter au sein plus longtemps que leurs petites filles, qui apprennent déjà, à peine nées, la restriction alimentaire.

Tu mangeais encore dans ta chaise de bébé que tes parents t'avaient déjà mise au régime.

C'est ta mère qui t'a appris à vomir pour ne pas grossir.

C'est le féminisme qui t'a libérée de tes troubles alimentaires, tu as compris que tu n'avais pas à être le plus mince possible, à prendre le moins de place possible, tu as compris que tu n'avais pas à disparaître.

« MOULINEX LIBÈRE LA FEMME »

Conseil de vie pour les Lions : « Moins pointilleuse et moins chieuse (avouez !), vous vous éclipsez pour laisser votre homme mener la barque. » Les Sagittaires, « votre envie d'engagement vous fera renoncer sans mal à votre chère indépendance. Plus question de mener le jeu (et la barque !), vous laissez les hommes vous surprendre ». Les Taureaux, « usez de douceur, votre nouvelle arme de destruction massive ». Les Verseaux, attention, « votre indépendance sacrée freine les projets ».

Pour la fête des Mères, les prospectus publicitaires nous proposent : des épilateurs, des fers à friser, du maquillage, des robots ménagers, des tabliers brodés, des livres de cuisine…

Ton beau-père vient vous aider à faire les travaux dans votre nouvelle maison. Pour lui, pendant les travaux, « les hommes travaillent » et « les femmes s'amusent ».

Et surtout, elles doivent finir à dix-huit heures pour aller faire la cuisine.

Dimanche après-midi : tu allumes la télé et tombes sur une émission de télé-réalité. Une gamine d'une vingtaine d'années court derrière un garçon qui se dirigeait vers la cuisine : « Laisse-moi faire ! Je déteste voir des mecs en cuisine ! »

Tu fais naturellement le lit de ton frère sans t'étonner que lui ne fasse jamais le tien.

Tu vis avec trois gars, tu entends de la salle de bains un de tes colocs interpeller ton copain : « Elle est où ta meuf ? Faut que je fasse une lessive ! »

Tu épluches les annonces de coloc sur Le Bon Coin. Tu lis : « Recherche une colocataire fille pour le côté propre, sérieux, etc. »

Ta belle-mère t'explique comment laver les chemises de son fils. Tu lui suggères de s'adresser directement au cher fils ici présent. Elle amène les chemises au pressing.

Pour tes vingt-cinq ans, tes amis t'ont offert une cocotte en fonte. Tu rêvais d'un voyage.

Tu as toujours été pour l'égalité femmes/hommes. Pourtant, ton fils de dix-sept ans ne fait jamais la vaisselle…

Tu tombes sur un livre, écrit par une femme, intitulé : *Trente idées pour vous éclater pendant que votre mec regarde le foot en mangeant des pizzas.*

Il fait les courses une fois par an et dégaine son téléphone à chaque rayon pour te demander conseil, comme si distinguer un paquet de pâtes d'un paquet de riz était une tâche exclusivement féminine.

Au repas de famille, tu refuses de débarrasser tant que ta tante ne demandera pas à tes oncles et cousins de le faire aussi. Elle t'ordonne de ne pas faire d'histoires et de t'exécuter.

Tu voudrais bien qu'on t'explique pourquoi une femme qui bricole c'est surprenant alors qu'un homme qui cuisine et passe l'aspirateur, c'est une perle.

« Et si pour le ménage tu te faisais aider ? » te suggèrent un jour ou l'autre tes compagnons.

Ton fils fait la cuisine pour sa copine : tu es fière et heureuse de cette petite victoire sur les traditions ancestrales.

Dans les tests que tu passes lors de ton bilan de compétences, on qualifie les métiers de « féminins » ou de « masculins ». Quand tu en parles à un ami, il prétend qu'il ne connaît aucune nana qui aimerait devenir plombière pour déboucher les chiottes… oubliant qu'au quotidien, c'est sa copine qui les récure.

Quand vous avez emménagé ensemble, il avait trente-cinq ans. Il n'avait jamais fait de lessive.

Tu accompagnes ton mari qui veut s'acheter un costume. La vendeuse s'approche de vous, le toise, et… se tourne vers toi : « Il fait quelle taille ? »

Tu es dans un café, deux filles, la trentaine, sont assises à la table d'à côté. L'une se plaint de son époux : « Il ne fait rien, c'est moi qui me tape toute la bouffe, la vaisselle, le ménage. Quand je suis pas là, il fait que des pizzas aux enfants, super équilibré ! » L'autre renchérit : « Moi, c'est pareil ! Il y a un truc entre les mecs et la pizza qu'on ne peut pas comprendre. »

Un ami t'avoue qu'il ne va pas très bien. Tu te surprends à lui proposer de faire le ménage chez lui, alors que tu détestes le faire chez toi.

Quand tu le laisses seul une semaine, tu trouves ça normal que ton mari t'appelle pour que tu lui expliques comment faire tourner une lessive ?

Quand il fait sa part du ménage, il dit qu'il t'a « aidée », tout juste s'il ne faut pas que tu l'applaudisses.

Tu ne sais pas coudre. Selon ton mec, ce n'est pas normal.

Tu as l'impression d'avoir un détecteur de poussière, de saleté, de bordel, greffé en toi. Tu ne peux pas t'empêcher de ranger. Tu l'envies, lui qui ne voit jamais rien.

Tu aimerais qu'il pense de lui-même à faire sa part des tâches ménagères sans que tu aies à le lui demander.

C'est toi qui lui rappelles d'étendre sa lessive.

Lorsque vous avez emménagé ensemble, il a bien essayé de te faire le fameux coup du : lui cuisine et toi tu t'occupes de tout le reste. L'arnaque totale. Sans compter l'équivalence discutable en temps imparti, toi aussi tu trouves ça beaucoup plus sympa de concocter de bons petits plats plutôt que de passer la serpillière.

Tout le monde trouve que tu as de la chance d'avoir un conjoint qui fait sa part de travail domestique. Qu'il est vraiment « formidable », que c'est un « homme moderne ».

Il ne fait pas de machines parce que tu les fais « mieux que lui ».

Tu regardais ta grand-mère cuisiner pendant que ton grand-père faisait des mots croisés. Tu regardais ta mère cuisiner pendant que ton père était affalé devant *Téléfoot*. Aujourd'hui, tu cuisines pendant que ton mec joue à *World of Warcraft*. Tu n'as pas comme l'impression d'un truc qui cloche ?

Quand il te demande : « Tu as pensé à me racheter de la mousse à raser ? », tu as envie de lui répondre : « Tu as pensé à me racheter des Tampax ? »

En famille, tu as toujours voulu faire « comme les hommes » : rester à table à parler politique, alors que les femmes font la vaisselle en causant chiffons. Manier la bétonnière, la truelle et la pioche, quitte à en baver, plutôt que d'apprendre la couture ou le tricot… Tout plutôt que devenir comme elles.

Dis-toi bien qu'étendre le linge n'est pas inscrit dans tes gènes.

Maintenant, tu arrêtes de penser qu'il ne sait pas passer correctement l'aspirateur et tu le laisses faire.

Tu ne fais pas la cuisine, tu ne sais pas faire. C'est ta révolution à toi.

Tu rêves de déchirer les robes de princesse roses à paillettes, d'égorger tous les poupons, de brûler les mini-cuisinières, les petites machines à laver, les fers à repasser en plastique. Tu rêves d'un génocide de Barbie.

Dans ta famille, dès qu'une fille tournait la salade pour mélanger la sauce, il y avait toujours quelqu'un pour sortir le fameux « Alors, on va bien voir si t'es bonne à marier ».

Ton père t'explique que si les femmes ne travaillaient pas, il n'y aurait pas autant de divorces et d'enfants malheureux.

On a essayé de te mettre dans la tête que le plus beau jour de ta vie devrait être celui de ton mariage.

Ta mère avait instauré tout un rituel, le soir, quand ton père rentrait du travail. C'était comme l'arrivée du Messie.

Tu as neuf ans, ton jeu préféré est de parcourir les pages de *La Redoute* et de découper ton futur mari et tes futurs enfants.

Arrête de tenir son agenda, laisse-le organiser son rendez-vous chez le dentiste, son voyage pour le boulot et le week-end chez sa sœur. Tu n'es pas sa secrétaire.

Tu découvres qu'une étude italienne a démontré que le mariage aurait des effets néfastes pour les femmes, qui seraient plus soumises au stress que les célibataires. Pour les hommes, les choses s'inverseraient, ceux-ci verraient leur santé s'améliorer grâce au mariage.

Une de tes copines se marie. Stressée, elle te souffle : «Heureusement que j'ai des sœurs pour m'aider»... Et un futur mari, peut-être ?

Tu te demandes pourquoi il y a deux termes : «homme» et «mari», alors que pour les femmes il n'y a en a qu'un seul : «femme». Comme si le genre féminin était fusionné avec sa condition de «femme de».

En cours d'histoire, on t'a appris que les femmes qui n'étaient pas mariées et vivaient seules étaient considérées comme des sorcières et brûlées sur le bûcher.

Ta professeure de maths de quatrième arbore le titre de « mademoiselle ». L'info passe vite entre les élèves que c'est parce qu'elle n'est pas mariée. Au vu de son âge avancé, vous êtes tous empreints d'un peu de pitié pour elle, l'imaginant dans un quotidien morose, seule dans un petit appartement rempli de chats.

Quand tu te maries, la logique, c'est que tu abandonnes ton nom pour prendre celui de ton mari. Tu dois changer d'identité.

Il dit : « La mère de mes enfants ».

Il se la joue parfois poète, avec des trémolos dans la voix il déclame : « Une femme c'est concret, c'est la terre, la vie. »

Tu ne comprends pas pourquoi tous les livres que tu lis sur les bébés ne s'adressent qu'à toi. Tu le fais toute seule, cet enfant ?

Dans les livres jeunesse, une femme est toujours maman, ou alors travaille avec des enfants.

Tu es enceinte de quelques mois. Tu demandes à ton partenaire : « J'ai vu que la CAF proposait des services gratuits de sages-femmes qui viennent chez toi après l'accouchement pour t'aider à t'organiser et t'expliquer des choses, ça te dit qu'on fasse une demande ? » Il hausse les épaules : « Bah, comme tu veux, c'est pour toi. »

Quand tu annonces ta grossesse à ta directrice, celle-ci te répond que « c'est bien pour toi », suivi d'un : « Quel âge ça te fait déjà ? »

Comme à vingt-cinq ans tu n'es pas mariée et tu n'as pas d'enfants, tes parents considèrent que tu as raté ta vie.

Si tu ne veux pas d'enfants, c'est parce que tu es « égoïste ».

Ta pote vient d'accoucher, elle a une cicatrice qui fait la taille de son bras, une libido au plus bas et elle ne pense à rien d'autre qu'à son bébé. Son mec sort toutes les nuits et s'occupe à peine de l'enfant, mais quand elle ose aller prendre un verre avec ses amies après trois semaines d'isolement, il la traite de « pute qui veut draguer ».

Tu veux un quatrième enfant. Un jour, tu lui en parles. Il te regarde, ironique : « Occupe-toi déjà correctement des trois premiers… »

Il y a des jours où tu regrettes d'avoir fait des enfants. Mais tu ne peux l'avouer à personne. On te prendrait pour un monstre.

Avec ton conjoint, vous vous relayez bien pour vous occuper de votre jeune fils. Ton entourage trouve que tu as de la « chance ».

Tu es une « femme au foyer », tu as élevé vos enfants. Il vient de prendre sa retraite, il va mal. Il se plaint : « Tu ne peux pas comprendre, toi : tu n'as rien fait de ta vie… »

Tu trouves ça injuste de toujours tout reprocher aux mères quand les pères, eux, étaient carrément absents.

Tu as trente ans et pas d'enfant. Ça commence à faire louche.

Tu voudrais créer autre chose qu'une famille. Quelque chose qui soit vraiment à ton image.

« MAIS QUI VA GARDER LES ENFANTS ? »

Tu vas actualiser ta situation sur le site de Pôle emploi. La partie « employeur » est teintée de bleu et illustrée d'une photo d'un homme en costume-cravate au regard droit. La partie « candidat » est teintée de rose et illustrée d'une photo d'une femme souriante, le regard tourné vers le haut.

Quand tu lui poses frontalement la question, il avoue que pour les postes à responsabilité il n'embauche que des hommes. Pour se dédouaner, il ajoute : « Ce n'est pas une histoire de sexe, mais de qualifications. »

Tu tombes sur une annonce : une agence immobilière recherche un couple de gardiens d'immeuble. Le salaire ? 1 600 euros pour l'homme, 1 400 pour la femme.

Un jour, on te remet par erreur la fiche de paye d'un collègue. Il a un grade bien inférieur au tien et gagne un tiers de plus.

Tu lis que le point commun entre tous les pays du monde, c'est qu'à travail et compétences égaux, les femmes sont moins payées que les hommes.

Tu ne vois pas pourquoi le fait que tu gagnes plus d'argent que lui menacerait sa masculinité.

Quand il a été question de négocier une augmentation, tu as demandé conseil auprès de tes collègues masculins.

Tu vises un poste plus élevé. Tu postules, tu es la candidate idéale, tout le monde s'accorde là-dessus. Mais tes deux chefs ont choisi Jules, qui a moins d'expérience que toi… et qui n'avait rien demandé.

Tu bosses dans un magasin. Les employées sont toutes des femmes. Sauf le patron.

Tu t'interroges : combien de secrétaires sont des hommes ?

Tu t'interroges : combien de P-DG sont des femmes ?

Dans une rencontre professionnelle, tu essayes de converser avec trois hommes. Ils ne parlent qu'entre eux et évitent consciencieusement ton regard.

Au boulot, quand le chef a besoin d'un café, c'est toujours à toi qu'il s'adresse, jamais à ton collègue. C'est leur cravate qui les handicape à ce point ?

Tu n'en peux plus de te faire constamment couper la parole, de te battre pour réussir à en placer une.

Tu assistes à la conférence d'une sociologue que tu aimes bien : elle suggère que, pour partager au mieux le travail, il faudrait, comme en Allemagne, que les femmes acceptent de passer à mi-temps. Personne ne bronche dans l'auditoire, qui est pourtant majoritairement féminin. Tu ressors de là estomaquée... Tu te sens coupable de ne pas avoir réagi...

Tu lis dans un article que les femmes représentent 70 % des personnes se retrouvant en situation de pauvreté et que 82 % des emplois à temps partiel sont occupés par des femmes.

Tu n'as aucun revenu, mais comme ton conjoint travaille, tu n'as droit ni au RSA, ni à la CMU, ni aux APL, tu es complètement dépendante de lui.

Tu lis que 33 % des femmes élevant seules leurs enfants vivent sous le seuil de pauvreté, que les femmes sont deux fois plus touchées par les emplois précaires et que 62 % d'entre elles auraient connu une trajectoire professionnelle précaire, contre 32 % des hommes.

Ce n'est qu'en 2016 que le César du meilleur réalisateur a été rebaptisé César de la meilleure réalisation.

En quarante-trois ans, un seul César de la meilleure réalisation a été décerné à une réalisatrice.

En soixante-treize éditions, une seule Palme d'or a été décernée à une réalisatrice, ex æquo avec un réalisateur.

Tu assistes à un débat dans un lieu « très engagé ». La discussion tourne autour de la nécessité de mixité sociale. Tu observes les intervenant·e·s : sept hommes, une seule femme, tou·te·s blanc·he·s, tou·te·s la soixantaine.

Tu as remarqué que dans les films à gros budget il y a toujours un Noir, un homo et une femme. Tous les autres sont des hommes blancs hétérosexuels.

Munie d'un chronomètre, tu calcules les temps de parole lors de l'AG de Nuit Debout : 75 % pour les hommes, 25 % pour les femmes.

Sur les trois cent trois stations du métro parisien, une seule porte le nom d'une femme.

Janvier 2016, la sélection des trente nominés pour le prix de la BD d'Angoulême vient de tomber : trente hommes, zéro femme.

Sur les quatre groupes de musique qui se succèdent sur la scène, il n'y a qu'une seule fille, une chanteuse.

En famille, tu regardes à la télévision une épreuve de natation masculine des Jeux olympiques. La conversation tourne autour du fait que le sport féminin, c'est chiant à regarder.

Après le match de foot PSG-Toulouse, le commentateur annonce : « Si vous n'avez rien à faire, allez regarder les filles qui jouent la semaine prochaine à Charléty. »

Tu assistes à une conférence sur « les oubliés de l'histoire dans l'avant-garde de l'art moderne ». Durant tout l'exposé, la conférencière ne cite aucune des artiste féminines de l'époque, pourtant bel et bien actives. À la fin, tu vas la voir et la questionnes à ce sujet. Elle te répond qu'elle n'en parle pas car « les femmes n'ont pas eu un rôle majeur économique sur le marché de l'art ».

Tu en as marre d'entendre : « Derrière chaque grand homme, il y a une femme. »

Tu te demandes pourquoi à la télévision les « expert·e·s référent·e·s » sont presque toujours des hommes.

Quand Ségolène Royal a annoncé sa candidature à l'élection présidentielle, Laurent Fabius a déclaré : « Mais qui va garder les enfants ? »

Vers quinze ans, tu t'amusais à faire ton « plan de vie » avec ton amie d'enfance. Votre plan B commun était alors d'« épouser un vieux riche ».

Tu décroches l'agrégation et deviens enseignante. Ton choix est salué à l'unanimité : « Avec les vacances scolaires, c'est pratique pour élever les enfants ! »

Une collègue a demandé une augmentation. Tu te surprends à penser qu'elle ne l'aura pas, parce qu'elle est enceinte.

Tu as envie d'avoir un enfant, mais tu as très peur pour ta carrière.

Tu travailles dans un milieu féminin où la gestion des congés maternité fait partie du quotidien des ressources humaines. La directrice annonce un jour en réunion qu'il faudra exclure du prochain recrutement les candidates entre vingt-cinq et trente-cinq ans.

Tu dois te justifier de ta vie privée quand, à un entretien d'embauche, le recruteur t'interroge sur tes projets de maternité.

Tu n'as soi-disant pas besoin de créer, tu peux « porter la vie ».

Tu as l'impression qu'une femme qui pense d'abord à sa carrière est systématiquement qualifiée d'arriviste, mais si elle fait passer sa famille en priorité, elle se voit reprocher son manque d'ambition.

Tu écoutes une interview d'Edmonde Charles-Roux. Cette femme, infirmière dans l'armée, résistante décorée de la Légion d'honneur, rédactrice en chef du magazine *Vogue* dont elle a été renvoyée pour avoir voulu imposer en 1966 la photo d'une mannequin noire en couverture et pour ses amitiés avec des écrivains communistes, est devenue ensuite femme de lettres, élue présidente de l'académie Goncourt. Et le journaliste lui demande, au détour des questions, pourquoi elle n'a pas eu d'enfants… Et là, ça te saute à la gueule : jamais on n'aurait osé poser cette question à un homme.

Dans cette émission de télévision, que des femmes autour de la table. L'une des chroniqueuses annonce qu'elle est enceinte. Explosion de joie sur le plateau, qui s'emplit de fleurs et de ballons. Tu imagines la même scène au boulot de son mec. Et puis non.

Si tu étais devenue enseignante, ton père aurait été fier de toi : tu aurais eu les mercredis et les vacances scolaires pour t'occuper de ton fils. Mais lui, s'est-il posé cette question, lorsqu'il a choisi son métier ?

Quand on cite en exemple une femme qui a réussi dans un domaine d'ordinaire réservé aux hommes, on insiste surtout sur le fait que c'est une femme. Comme s'il s'agissait d'un exploit.

Ta mère a été à l'école jusqu'au certificat d'études, spécialité « arts ménagers » : elle a toujours mis un point d'honneur à bien tenir sa maison, elle qui, femme de ménage, passait sa vie à nettoyer la merde des autres. Elle t'a toujours évité d'avoir à passer l'aspirateur ou à faire la vaisselle : elle préférait que tu étudies et que tu réussisses à l'école. Tu as étudié, étudié, étudié… la rage au ventre.

Au supermarché, tu jettes un coup d'œil pour vérifier encore : oui, il n'y a que des femmes derrière les caisses.

Ta mère s'est arrêtée de travailler lorsque tu es née. De toute façon, comme elle l'a toujours répété, son salaire d'employée de supermarché n'aurait servi qu'à payer la nourrice. Alors, à quoi bon…

Tu es auxiliaire de vie. Toutes tes collègues sont des femmes, le seul homme est derrière un bureau.

Tu n'as jamais pensé devenir électricienne, comme ton père, ni ingénieure, ou médecin d'ailleurs.

Tu te rends compte que cuisinier/cuisinière, couturier/couturière, ça ne sonne pas pareil.

Tu te demandes pourquoi certains noms de métiers comme médecienne ont disparu de la langue française, pour ne laisser place qu'à leur version masculine.

Un homme qui écrit sur une femme, tu penses aux grands poètes. Une femme qui écrit sur les hommes, c'est une chanteuse de variété.

Tu es journaliste politique, vedette de télévision depuis vingt-cinq ans. Tu réponds à une interview. Première question qu'on te pose : quel est ton secret pour rester jeune à cinquante ans ?

Tu es une femme politique. Au début de l'interview, le journaliste te fait un compliment à propos de ta nouvelle coupe de cheveux.

Tu te demandes pourquoi tant d'articles qui parlent de personnalités féminines commencent par évoquer leur beauté.

À la fin de ton stage, tu t'apprêtes à rencontrer le directeur pour savoir si oui ou non il te garde en CDD. Tu es en short ce jour-là. Un collègue te scanne de haut en bas : « Tu as bien fait. On n'attire pas les mouches avec du vinaigre. »

Tu n'en peux plus de cette image de la femme qui gravit les échelons parce qu'elle couche ou parce qu'elle a les dents longues. Et ses compétences ? Jamais on n'en parle ?

Un homme qui aime l'argent c'est un carriériste, une femme qui aime l'argent est juste vénale.

On cite souvent les Grands Hommes. Les grandes femmes ce sont les bombasses en talons aiguilles.

Tu as parfois l'impression que les gens te soupçonnent d'être avec ton mec, qui a quinze ans de plus que toi, uniquement par profit.

Quand tu étais petite, tu te rêvais journaliste. La femme chez qui ta mère faisait le ménage t'imaginait plutôt danseuse *Bluebell Girl*, exhibant tes seins nus au Lido.

À la télé, tu vois des potiches sexy qui s'agitent derrière l'animateur, tu vois des nanas qui cuisinent ou présentent des produits bidon au télé-achat. Mais tu ne vois pas de matchs de foot féminin, pas d'aventurières, pas de chercheuses.

Ton coiffeur te l'affirme : pour réussir sa vie professionnelle, il faut qu'une femme se maquille… Mais comment font les hommes ?

Tu apprends que Pôle emploi a mis en place des ateliers « Action relooking » pour aider les chômeuses à « regagner l'estime de soi au travers d'un travail sur son image ». Au programme : maquillage, soins de peau, coiffure…

Tu lis dans un article que plus les femmes ont obtenu des acquis sociaux, plus leurs mensurations idéales ont diminué. Comme pour faire disparaître une présence devenue trop gênante.

On te propose de devenir la superviseuse de l'équipe au boulot et tu déclines pour des raisons qui te sont personnelles. Un petit malin se permet alors de faire remarquer : « Ça t'irait bien pourtant, le cuir et la cravache. »

Tu l'as tellement entendu que tu as fini par l'intérioriser : une femme n'est pas crédible avant trente-cinq ans parce que trop jeune, après quarante-cinq parce que plus assez bandante. Profite bien de tes dix ans de battement.

Ton collègue te parle de la meuf hyper jeune et hyper bonne que le boss se tape, en te disant qu'elle ira loin. Puis il te regarde de haut en bas et te gratifie d'un « Par contre toi, avec ton cul, t'as intérêt à avoir des idées brillantes ».

Parfois il faut juste inverser, dans les livres, les films, les discours, tu remplaces le mot « femme » par le mot « homme » et tu te rends compte de l'absurdité des raisonnements.

Tu te surprends à penser que c'est comme ça et qu'on ne peut pas y faire grand-chose.

Ta devise a longtemps été : « Ni qu'on me force ni qu'on m'empêche », une phrase lue dans un livre d'Yves Navarre. Et tu penses au nombre de fois où tu l'as reniée.

Quand tu veux être prise au sérieux, tu reproduis les intonations de voix et l'attitude corporelle de ton père.

Souvent quand tu dois t'imposer face à un groupe d'hommes, tu as la sensation de monter sur un ring de boxe.

Il y a des moments où tu n'as plus envie de sourire.
Il y a des moments où tu n'as plus envie de te justifier.
Il y a des moments où tu n'as plus envie d'expliquer, d'être compréhensive.
Il y a des moments où tu veux juste que ce gros lourd dégage.
Il y a des moments où tu as envie de distribuer des tartes.
Il y a des moments où tu veux juste qu'on te foute la paix.

« MA BELLE, MA PUCE, MA CROTTE »

Tu as entendu à la télé qu'une municipalité d'Allemagne propose des places de parking plus larges, réservées aux femmes. Comme les places pour handicapés.

Tu as pris ta place pour le nouveau *Star Wars*, un mois avant la sortie. Tu tombes sur un article de magazine : «*Star Wars* expliqué aux filles».

Il te raconte qu'il a vu un très bon film, mais qu'il ne devrait pas te plaire, «c'est assez compliqué, très politique».

Quand vous regardez un film ensemble, il t'explique ce qui est en train de se passer, comme si tu n'y comprenais rien.

Lors de l'AG, un type annonce : «On aurait besoin d'un mec qui s'y connaît en informatique.»

Au boulot, tu aimerais leur demander de fermer la porte car il fait froid, de ranger leur bordel quand ils ont fini ou de serrer moins fort les réglages des machines, mais tu n'oses pas, de peur qu'on sous-entende que ce sont des plaintes de fille.

On t'a souvent fait la remarque : « Tu as le sens de l'orientation, c'est rare pour une fille. »

Si ton ordinateur ne s'allume pas en cours d'informatique, c'est que « les femmes et la technologie ne font pas bon ménage ».

Tu diriges seule une petite maison d'édition. Quand tu appelles l'imprimeur, il te prend automatiquement pour la secrétaire. Il te demande de lui passer le responsable pour les questions « techniques ».

Il trouve que c'est bien que vous vous associiez pour monter une boîte, parce que toi tu as la tête sur les épaules, et lui, il a les idées.

Tu prends la pilule pour ne plus avoir d'acné. Tu bosses avec des enfants et tu as peur que leurs parents ne te prennent pas au sérieux si tu as des boutons.

Tu as invité un ami à dîner. Vous décidez de regarder un film, ce qui nécessite de refaire un branchement.

Il se lève du canapé : « Laisse-moi faire, c'est bon, je m'y connais. » Tu protestes : c'est toi qui as fait l'installation, tu sais comment ça marche. Il insiste. Vous vous prenez la tête.

Les amis de ton mec lui tendent une manette de jeu vidéo. Ils ne prennent pas la peine de te demander si tu veux jouer.

Quand tu refuses l'aide d'un type venu te proposer de changer ton pneu crevé à ta place, il s'en va en te traitant de connasse.

Tu as huit ans. Dans la cour de l'école, tu joues au rugby avec tes copains garçons. Ton petit frère de six ans croit qu'ils t'agressent, il veut te défendre.

À l'atelier, quand tu rechignes à boire un verre de blanc à neuf heures du mat', ils insistent : « Mais il est bon, il est sucré, on l'a pris pour toi. » Ça fait dix fois que tu leur précises que tu préfères le sec.

Un type se pointe au service après-vente avec son matériel en panne. Il voudrait parler au technicien. Tu lui demandes de t'expliquer son problème. Il dit qu'il préfère voir ça avec le technicien directement. Tu lui réponds que justement tu es « le technicien ». Alors il te regarde avec un petit sourire, comme si tu lui faisais une bonne blague puis il insiste, il voudrait voir un technicien.

Tu es tellement atterrée que tu n'as pas de repartie. Ce que tu aurais pu répondre te vient à l'esprit une demi-heure plus tard.

Tu finis ta leçon de conduite. Ta monitrice débriefe : « C'était bien quand t'as doublé sur l'autoroute. C'est rare qu'une fille prenne autant d'initiatives. »

Pourquoi, quand tu t'apprêtes à changer une ampoule, il se sent toujours obligé de dire : « Laisse, je vais le faire ! » ? Toi aussi tu as des mains et tu sais t'en servir.

Tu tombes sur une pub pour un ordinateur, une jeune femme blonde, bouche grande ouverte et yeux ahuris : « Aussi pour les blondes ».

Tu montes un duo de musique et lectures avec ton copain. Les gens écarquillent les yeux quand ils apprennent que toi aussi tu écris et composes.

Tu te souviens d'un rendez-vous avec le prof de maths de ton fils qui te demande au vu de son indiscipline si tu élèves seule ton enfant… Quand tu lui fais remarquer que tu ne vois pas le rapport, il t'explique avec condescendance que l'autorité pour un enfant, c'est important. Comme si en tant que femme, tu en étais forcément dépourvue.

Tu ne comprends pas ces femmes qui racontent des blagues sur « les blondes », pour toi, c'est vraiment tendre le bâton pour se faire battre.

Tu apprends qu'au XIVe siècle, les premières dissections humaines étaient pratiquées sur des femmes, car on les pensait dépourvues d'âme.

Tu es hôtesse d'accueil dans un salon de l'immobilier. Un client te fait signe : « Tu me reverses une coupette, ma mignonne ? »

Tu travailles dans un bar, derrière le comptoir ton patron te souffle à l'oreille : « Souris ! T'es pas belle quand tu fais la gueule. » Tu t'exécutes. Et tu voudrais disparaître.

Quand tu rembarres tes collègues qui balancent des blagues salaces à longueur de journée, ils ironisent : « Elle a ses règles ou quoi ? »

Tu es fatiguée de ces types qui te déplacent comme un objet, au lieu de te demander si tu peux te pousser.

Il retient systématiquement la porte pour te laisser passer devant lui. Tu n'oses pas lui gueuler que tu ne supportes pas ça. Tu lui souris.

« Après toi. » Ton collègue se décale et t'invite à monter l'escalier devant lui. Tu déclines, il s'énerve : « Bordel, si on ne peut même plus être galant… Comme si j'allais regarder ton cul. De toute façon, il est moche, ton cul ! »

Tu n'applaudis plus ces hommes qui tiennent la porte et qui servent le café le matin parce que tu sais que ce sont eux, une fois connectés sur Twitter, qui postent les pires atrocités.

Tu assistes au conseil d'administration de l'association où tu travailles. Autour de la table, que des hommes en costume-cravate entre cinquante et soixante ans. Et toi, trente-cinq ans, représentante du personnel. L'un commente : « Avec des beaux yeux comme ça, on ne peut rien vous refuser. » Tu rougis, mais n'oses pas réagir.

Quand on te demande : « Madame ou mademoiselle ? », tu as toujours envie de répondre : « Est-ce qu'il faut aussi préciser avec qui je couche ? »

Tu n'oses pas reprendre ton psy quand il t'accueilles avec un : « Alors, miss, ça va aujourd'hui ? »

Tu te répètes que non, ce n'est pas possible, il n'a pas pu dire ça, tu as dû mal entendre.

Dans la salle de réunion, tu t'assois sur une chaise. Pas de bol, tu ne le savais pas, mais c'était LA chaise de Michel. Il te le fait remarquer en arrivant, tu te lèves, docile, pour lui laisser la place. Il ajoute : « Mais ça ne me dérange pas que tu t'asseyes sur mes genoux. »

Dis-toi qu'il aime ça, quand tu rougis. Qu'il prend son pied, quand tu bafouilles. Dis-toi que te déstabiliser, ça le fait bander.

« Non, mais tu vas quand même pas t'habiller comme ça ? Moi je sors pas avec toi, là… » Tu es choquée quand ton fils se permet de te dicter ta conduite.

Samedi soir, dans l'ascenseur, le voisin te toise, la bouche pincée, avant de lâcher : « Ce n'est pas beau pour une fille de boire comme ça. » Désinhibée par l'alcool, cette fois tu oses répondre : « Ah, parce que pour un garçon, c'est beau peut-être ? »

« Ma belle », « ma poulette », « ma cocotte », « ma biche », « ma crotte », « ma chouchoute », « ma biquette »… Tu as du mal à te souvenir de tous les diminutifs ridicules dont tu as été affublée jusqu'à maintenant.

On précède souvent ton prénom de «petite», ou on lui ajoute le suffixe «ette». Tu ne grandirais donc jamais ?

C'est simple, le prochain qui désigne une femme de la vingtaine par «petite minette», il se prend ta main dans la gueule.

Les rares fois où tu te retrouves devant un poste de télé, tu remarques que, dans les émissions, les femmes, contrairement aux hommes, sont systématiquement interrompues et peinent à faire entendre leur propos jusqu'à la fin.

Tu te demandes pourquoi on sait de qui l'on parle quand on dit Najat, Ségolène ou Marine. Et pas du tout quand on dit Jean-François, Michel ou Laurent.

Peut-être que si tu arrives à changer ta voix pour la rendre plus grave, on t'écoutera et te prendra plus au sérieux.

Derrière la réussite d'une femme, on parle de mentor. Derrière la réussite d'un homme, on parle de muse.

Il affirme : « J'ai grandi avec ma mère et ma sœur donc je respecte la Femme. »

Tu n'as jamais aimé la figure de Picasso, sans vraiment savoir pourquoi, c'est à te demander si tu ne fais pas preuve de préjugés. Et puis, un jour, tu tombes sur cette citation du « maître » : « Pour moi, il y a seulement deux types de femmes : les déesses et les paillassons. »

Il aime LA femme. Il te tient un discours passionné, fait de grands gestes avec les mains : « Les femmes font tourner le monde. » *La Maman et la Putain* est son film préféré.

Une étude américaine explique que si les femmes « sont seules, ce n'est pas de leur faute ». En effet, elles aimeraient évidemment se marier comme tout le monde (d'où sort cette information ?), mais le problème (oui, le « problème ») est que le taux de femmes diplômées est supérieur à celui des hommes.

Lorsque ton copain va voir ton père pour lui demander ta main, tout le monde le trouve romantique. Ça ne choque personne qu'il ne t'ait pas consultée avant.

Tu lisais l'autre jour que dans les sociétés anciennes, les femmes étaient considérées comme des monnaies d'échange…

Tu ne comprends pas pourquoi ton amie « attend » que son conjoint la demande en mariage depuis six mois.

Tu ne supportes pas qu'il te prenne la main quand vous sortez ensemble. Tu as l'impression de redevenir une gamine.

Ton père vous appelait « les filles », mettant ta mère, ta sœur et toi dans le même sac.

Tu es parfois soulagée que ton mari réponde à ta place, parce que tu n'as pas assez d'assurance.

Il te faut toujours un second avis, une validation. Le tien seul ne te suffit jamais.

Tu remarques que la plupart des gens qui aiment ce que tu fais artistiquement le disent à ton mec, mais pas à toi.

Tu attends que ton copain te défende quand on te fait des remarques sexistes. En même temps, tu sais que ce n'est pas à lui de le faire.

Parce que tout le monde s'adresse à lui et pas à toi, tu te replies. Tu arrêtes de parler. Tu deviens telle qu'on te considère : un objet décoratif.

Quand il te demande si tu es la copine de Machin, tu gueules que tu ne te définis pas comme ça, que tu es une personne à part entière. Il te regarde, surpris, il posait juste une question.

Tu aimerais être considérée comme quelqu'un à part entière, pas seulement comme la copine de quelqu'un.

Il fait chaud. Tu vas au bar te chercher une bière et tu lui en rapportes une. Il parade devant ses potes : « Je l'ai bien dressée, hein ? »

Il te fusille du regard : « C'est la troisième fois que tu me contredis ! Ça suffit. On rentre. »

Pourquoi pleures-tu au lieu de te mettre en colère ?

Il te trouve exigeante : « Bordel, je bosse, je picole pas trop, je te cogne pas dessus, alors qu'est-ce qu'il te faut de plus ? »

Non, ce n'est pas parce que tu ne supportes pas son attitude paternaliste et autoritaire que tu as « un gros problème psychologique avec les hommes ».

Certes, tu t'es construite en tant que sujet soumis à une domination, à un rapport de pouvoir. Mais le fait de le reconnaître te donne les moyens d'agir dessus.

Et si tu arrêtais de culpabiliser, de douter, de te remettre sans cesse en question ? Et si tu arrêtais de t'excuser sans cesse d'exister ?

Parce que tu es la seule fille du groupe, on te demande – juste à toi – où est la salle de bains.
Parce que tu es la seule fille du groupe, on te demande – juste à toi – à quelle heure part le train.
Parce que tu es la seule fille du groupe, soit on s'adresse juste à toi, soit pas du tout.
Parce que tu es la seule fille du groupe, ils s'autorisent à faire des blagues sexistes.
Parce que tu es la seule fille du groupe, on te demande si tu tiens le coup, si tu n'es pas trop fatiguée.
Parce que tu es la seule fille du groupe, on te dit : « Vas-y d'abord, je prendrai ma douche après. »
Parce que tu es la seule fille du groupe, tu es soulagée de savoir qu'ils prendront soin de toi.
Parce que tu es la seule fille du groupe, tu sais que les gens te regardent davantage.
Parce que tu es la seule fille du groupe, tu espères finir par leur ressembler, qu'ils oublieront tes seins, ta chatte, tes jambes.

Parce que tu es la seule fille du groupe, tu laisses couler, tu ne veux pas « faire ta chieuse ».
Parce que tu es la seule fille du groupe, tu sais que tout ce que tu diras sera ramené à ta condition de femme.

“L’HYSTÉRIQUE,
LA FOLLE,
LA MAL-
BAISÉE…”

C'est bientôt Noël, tu ouvres avec délices une papillote rouge et dorée. À l'intérieur, tu découvres une citation de Sacha Guitry : « Les nazis mentent moins que les femmes. »

Il t'explique que les hommes ont du mal à supporter les femmes parce que c'est une question de seuil de tolérance à la fréquence aiguë. Et il sait de quoi il parle, il est ingé son.

Ton copain, trop ivre, s'est avachi dans un bar. Mais un ami commun, qui est avec lui, ne te le dit pas quand tu appelles. Il ne veut pas « le dénoncer ». Tu es donc officiellement devenue la mère de ton mec.

Un pote part de la soirée un peu plus tôt que d'habitude, un autre lui hurle, fier de lui : « T'as la permission de minuit ? »

Tu es assise au premier rang. Sur la scène, un comique fait son *one-man-show*. Il enchaîne les blagues pathétiques sur les femmes et leurs règles. Tu ne ris pas. Il te remarque et interpelle un de tes amis assis à côté de toi : « C'est ta copine ? Eh ben, vu la tronche qu'elle tire, tu ne dois pas t'amuser tous les jours au pieu ! »

Tu espères ne jamais devenir « belle-mère ». À en croire la rumeur, ça transforme une femme en un être abject.

Il t'explique que t'es bien sympa, mais qu'il ne sort qu'avec des Asiatiques : « Au moins elles, elles ne prennent pas la tête comme les Européennes. »

Si tu rigoles un peu bruyamment, on te traite d'hystérique.

Tu entends une amie se plaindre : « Mais pourquoi les filles sont si chiantes ? »

Tu lis la définition d'« émanciper » sur linternaute.com. Pour illustrer la définition, le site propose une citation d'Honoré de Balzac : « Émanciper les femmes, c'est les corrompre. »

Tu es à une soirée en petit comité, vous écoutez une vieille chanson pseudo-féministe. Un type lance avec un rire gras : « Ça a plus de dix ans, mais elles cassaient déjà les couilles ! »

Quand le patron du bar souligne que « quand même, une femme, c'est fait pour rester à la maison et s'occuper des enfants » et que tu t'énerves, il enchaîne sur le fait que tu pars au quart de tour, que tu as un sale caractère, qu'il n'y a pas de quoi s'embrouiller.

Quand tu abordes la question du féminisme au sein d'un collectif, tu n'en reviens pas d'entendre ces gars qui se disent libertaires entonner le refrain libéral : « Il y a des personnes qui ne considèrent pas ce problème comme important, qui ne sont pas d'accord. » C'est bien le seul sujet où ils acceptent le « chacun son avis ».

Il condamne les injustices sociales, mais la domination masculine lui semble un faux problème.

Il s'insurge contre le racisme, mais banalise le sexisme.

Il te dit : « La cause des femmes, c'est fini maintenant, avec la parité et tout ça. »

Il te dit : « La parité, c'est un concept aberrant. »

Il te fait part de sa théorie : « Tu comprends, maintenant les femmes font des doubles journées de travail. Est-ce que c'est vraiment un progrès ? » Il essaye de t'embobiner, de te faire avaler que ta propre libération t'est néfaste.

Un type vous accuse, toi et tes amies, de ne pas être féministes parce que vous vous épilez les aisselles.

Tu n'essayes plus de ne pas être blessante envers le sexe opposé.

Il enchaîne : « En ce qui concerne le rapport hommes/femmes, moi je n'ai aucun problème, ni avec les Noirs et les Arabes, je suis pas raciste. »

Quand tu lui parles de la nécessité de continuer à se battre pour l'égalité des droits femmes/hommes, il te répond : « Regarde autour de toi… Sérieusement, tu vois beaucoup de femmes opprimées ? Vous avez la carte bleue et la pilule… Merde ! Qu'est-ce que vous voulez de plus ? »

Avec ton conjoint, quand vous entamez une discussion sur « les hommes et les femmes », ça finit toujours en engueulade.

Tu parles de sexisme avec tes amies, mais tu évites le sujet devant ton mec.

On t'a déjà sorti : Ne t'étonne pas qu'un homme ne soit pas attentionné. Vous avez voulu l'égalité des sexes, vous l'avez ! »

Une fois de plus, tu expliques que pour toi, le féminisme, ce n'est pas sous-entendre qu'il n'y a pas de différences entre les hommes et les femmes. C'est défendre l'idée qu'ils ont les mêmes droits.

Liberté, égalité, *fraternité*… La solidarité, c'est entre frères : tu es exclue de la devise de ton pays.

Tu dois sans cesse expliquer que le féminisme ne lutte pas contre les hommes, mais contre le patriarcat.

Sur Facebook, tu découvres le post haineux d'un groupe catholique : la liste de plus d'une dizaine de pages féministes à signaler massivement pour les bloquer afin qu'elles ne puissent plus s'exprimer sur le réseau.

Il est un militant convaincu. Il vit en squat. Il est « anti » : anticapitaliste, antifasciste, antisexiste. Il féminise ses textes, cite Despentes, il fait la vaisselle, la cuisine, le ménage et le fait remarquer. Il ne perd pas une occasion de montrer à quel point il est pro-féministe. C'est sa technique de drague.

Célibataire à trente-huit ans, tu évites de tenir des propos trop féministes en public, pour ne pas avoir à subir les : « Normal que tu sois toute seule, tu fais peur aux hommes. »

Après une *battle* de rap, un des chanteurs t'explique qu'il a fait des remarques misogynes parce qu'il n'avait pas le droit de parler politique. Oui. Comme si ça n'avait rien de politique.

Des hommes ont déjà opposé à tes arguments que certaines femmes ne se sentaient absolument pas concernées par le sexisme. Encore une fois, ils se positionnent à l'extérieur du débat, en arbitre, utilisant un vague exemple pour légitimer leur antiféminisme.

Tu en as marre qu'on remette en cause ton féminisme parce que tu portes le voile.

Sans se questionner le moins du monde, il entame d'un ton suffisant un couplet sur le « bon » et le « mauvais » féminisme, reproduisant à merveille sa position de dominant paternaliste.

Tu sors tout juste du groupe d'autodéfense non mixte que tu as créé avec des amies. Un habitant du squat te nargue : « Alors ça y est, on peut vous attaquer maintenant. »

Ne pas rire aux blagues machistes et sexistes t'expose à un regard narquois et suspicieux. Prendre légitimement la défense des femmes te classe automatiquement dans le rang des féministes enragées qui veulent forcément faire la peau aux hommes.

Tu t'étonnes toujours de ce « Moi je ne suis pas féministe, mais... ».

Tu déclares : « Je suis féministe », et tu rajoutes toujours : « Mais pas du genre hargneuse, hein ! »

Tu aimerais que le féminisme ne soit pas seulement considéré comme un machisme inversé.

Quand tu lui parles des choses qui te choquent dans les rapports femmes/hommes, ton père te regarde, moqueur : « Ça y est, tu fais ta suffragette ? »

Tu n'oses pas employer le mot « féministe », pour éviter que les gens se mettent à crier.

On a déjà dit de toi : « Ce que je n'aime pas chez elle, c'est son féminisme. »

Tu n'arrives pas à savoir si tu as raison de réagir, ou si tu es complètement parano.

Et si tu acceptais de ne pas faire plaisir à tout le monde ?

Dès que tu parles de ce que tu vis en tant que femme, on te traite de « féministe hystérique ».

On te rétorque souvent : « Si on ne peut plus rien dire maintenant… »

Non, ce n'est pas nier d'autres dominations que de mettre en lumière la domination masculine.

On est d'accord, c'est pire ailleurs, mais est-ce que tu serais prête à accepter un despote à la tête du pouvoir sous prétexte que dans le monde il y a encore des dictatures ?

Il y a un moment où ça te paraît absurde que les gens se positionnent « pour » ou « contre » le féminisme alors que l'inégalité est factuelle. Absurde qu'il soit neutralisé. Absurde qu'on prenne ça pour une possibilité, une éventualité politique tandis qu'il devrait constituer une exigence politique de base.

Ce type blanc de trente ans t'explique qu'il est victime de discriminations et qu'il en souffre parce que, à l'entrée des boîtes de nuit, « les videurs laissent plus facilement rentrer les femmes ou les Noirs »…

Quand tu essayes de parler de sexisme, il te demande si lui aussi peut parler du sexisme envers les hommes.

Il y a des moments où il faut cesser d'être consensuelle, où il faut arrêter de vouloir arrondir les angles.

Tu n'en peux plus d'entendre : « Je ne suis pas féministe, mais humaniste. » Pour toi, c'est nier les particularités du rapport de domination dont les femmes sont victimes, depuis des millénaires.

Tu en as marre qu'on te dise que tu n'as pas d'humour, qu'il faut savoir se détendre.

« SEUL UN HOMME EST CAPABLE DE TE FAIRE JOUIR... »

Te donner du plaisir n'est tellement pas une priorité que tu as dû inscrire « Me masturber plus souvent » dans ta liste des bonnes résolutions du début d'année.

Tu as déjà joui trois fois. Ton partenaire une fois. Tu es encore excitée, mais tu t'arrêtes là. Tu culpabilises d'avoir plus de plaisir que lui.

Parfois, quand tu es très excitée, tu as envie de te mettre devant un bon film porno et de te masturber un coup. Mais tu ne le fais pas. À la place, tu manges des carreaux de chocolat devant une série et tu attends que ton mec arrive pour « te faire » l'amour.

Quand tu lui dis que tu te masturbes tous les jours, il te traite de cochonne.

Il t'a fallu plusieurs années avant de te dire que tu pouvais te masturber même si tu étais en couple.

Dans la cour de l'école, tout le monde disait que se masturber était normal pour les garçons, mais que les filles qui le faisaient étaient des « petites vicieuses ».

Tu te masturbes en cachette, tu n'oses même pas en parler à tes copines.

Tu couches avec un type le vendredi soir, un autre le samedi. Tu envoies un message à ton meilleur ami : « Je me fais l'effet d'une traînée. » Il te répond : « Nous, on appelle ça un champion. »

Tout le monde se souvient de Loana. Ils étaient pourtant deux à baiser dans cette piscine.

Là où tu vas en vacances en Normandie, il y a une fille qui a couché avec plusieurs potes d'une même bande. Les mecs l'appellent « le trou normand ».

Cela fait quelque temps que tu flirtes avec cet homme. Vous vous entendez bien. Quand il apprend qu'avant lui tu as eu beaucoup d'aventures sans lendemain, son regard vire au noir. Entre ses dents, il siffle : « Pute. »

Tu enchaînes les aventures d'un soir. On te fera vite remarquer que tu es une fille perdue qui ne se respecte pas avec en prime un gros penchant pour l'autodestruction.

On te l'a toujours répété : un homme à femmes est un don Juan, une femme à hommes est une pute.

Tu couches régulièrement avec un mec. On te demande : « Ça ne te dérange pas qu'il ne veuille rien de sérieux ? » Personne ne pense à te questionner sur ce que toi tu attends de cette relation.

Quand tu étais petite, tu courais après les garçons. Aujourd'hui, tu attends qu'ils t'abordent.

Tu ne sais pas comment draguer un homme, on t'a juste appris à attendre qu'il fasse le premier pas.

« Déflorer », « jardin secret », « fleur délicate et précieuse »… Tu n'en peux plus de ce champ lexical qui désigne le sexe, l'hymen et la virginité.

Tu aimerais dire à cet homme que tu le trouves séduisant, mais tu te retiens par peur de passer pour une allumeuse.

Tu arrives à draguer seulement quand tu es très saoule.

On t'a inculqué qu'être rejetée par un homme est la pire chose qui puisse t'arriver.

Il t'explique qu'il a des «besoins» et que c'est «normal» pour un couple de faire l'amour régulièrement, mais il ne fait plus aucun effort pour te séduire, il ne cherche plus à susciter chez toi le désir.

On t'a fait croire que les hommes ont des «pulsions» qu'il faut savoir contenter si tu ne veux pas t'attirer «les foudres du mâle frustré».

Tu n'as pas envie de faire l'amour à ton copain ce soir. Mais tu te dis que ça prendrait plus de temps d'expliquer pourquoi que de le faire «vite fait bien fait».

Une partie de ton cerveau sait très bien que tu as le droit de ne pas avoir envie de faire l'amour ce soir. Mais l'autre partie ne peut pas s'empêcher de culpabiliser.

Tu n'as plus de désir pour lui, mais tu penses que c'est son droit qu'il te baise. Alors tu acceptes, et ça te dégoûte.

Tu le laisses te pénétrer même si tu n'en as pas vraiment envie. Quand lui ne veut pas, tu ne peux rien faire d'autre que te masturber.

Il rêve que tu lui cries comme son ex : « Défonce-moi. »

Si tu trompes ton mari, c'est que tu es une salope. Si ton mari te trompe, c'est parce que c'est dans sa nature de mâle.

Tu dois accepter son désir brandi, par peur de le vexer ou de passer pour une femme frigide.

Il te demande s'il peut jouir, ça fait vingt minutes que tu n'attends que ça.

Quand vous faites l'amour, tu lui cries : « Vas-y, baise-moi ! » Jamais : « Je vais te baiser ! »

Si ton copain n'arrive pas à jouir parce qu'il a trop bu, tu ne peux pas t'empêcher de te sentir coupable, de penser que c'est une fausse excuse, que tu n'es plus assez attirante. Toi, quand tu as trop bu, tu fais semblant de jouir.

Tu ne comprends pas : pourquoi l'amour devrait-il finir quand l'homme jouit ?

Tu te balades dans la rue avec ta meuf. Deux types vous interpellent, inquiets : « Et nous alors ? Si vous, les femmes, vous vous mettez ensemble, on va faire quoi, nous ? » Ah oui, pardon, tu avais presque oublié la raison de votre existence sur terre : combler les besoins des hommes.

Attention, tu vas lui faire une grande révélation : sa bite n'est pas le centre de l'univers.

Quand tu embrasses ta copine en soirée, il y a toujours un mec pour s'interposer, lèvres en avant, parce qu'« il doit bien vous manquer un petit quelque chose, non ? ».

Vous couchez ensemble depuis deux mois. Un soir, en prenant toutes les pincettes du monde, tu lui demandes s'il peut te masturber un peu plus avant de te pénétrer. Il se braque, son visage se ferme. Vous passez la soirée à vous engueuler.

Tu te demandes si cette obsession de la sodomie chez les mecs hétérosexuels ne viendrait pas de leur peur à explorer leur propre plaisir prostatique.

Tu aimerais savoir depuis quand avoir un anus est genré.

Tu n'en peux plus de la logique «pénétrant/pénétré·e», «acti·f·ve/passi·f·ve». Surtout que dans les esprits le premier domine toujours le deuxième.

Pourquoi cette honte qui plane au-dessus du·de·la «pénétré·e»?

Tu ne supportes plus toutes ces expressions : «Tu t'es fait baiser», «Va te faire enculer», «J't'ai bien niqué·e».

Tu trouves impossible de dire si un homme est un bon amant rien qu'en le regardant. Par contre, s'il te drague de manière trop insistante, tu peux mettre ta main à couper que ce sera un mauvais coup. S'il ne prend absolument pas en compte ta réalité, il aura du mal à te donner du plaisir, il restera à coup sûr fixé sur le sien.

Il aimerait que tu lui tailles une pipe. Même si tu n'aimes pas trop ça, tu t'exécutes pour lui faire plaisir. Quand tu veux qu'il te rende la pareille, il prend un air de dégoût : «Ah non, je fais tout sauf ça, c'est dégueulasse!»

Tu manques de t'étouffer lorsque les sous-titres de ta série traduisent : «*He went down on me*», c'est-à-dire :

« Il m'a fait un cunnilingus » par : « Il est allé et venu sur moi un bon moment. »

Il t'explique qu'un pénis c'est propre parce que c'est à l'extérieur et qu'on peut bien le laver. Par contre un vagin, ça, c'est crado.

Tu es censée accepter leur désir comme prioritaire, supérieur au tien et surtout justifié par leur sexe. Il te le confirmera bien vite en ajoutant : « Je ne suis qu'un homme. »

Tu as soixante-dix ans, tu tombes sur un schéma de l'anatomie du clitoris. Tu découvres qu'il a de longues racines entourant le vagin qui entrent en érection pendant l'excitation. Tu n'en reviens pas.

Tu comprends que l'anatomie du clitoris démonte complètement les théories de Freud : il n'y a pas d'orgasme vaginal. Tout orgasme est clitoridien.

Tu te demandes pourquoi on parle d'orgasme vaginal et d'orgasme clitoridien alors qu'on ne dit pas « orgasme du bout du gland », ni « orgasme de la hampe », ni « orgasme des couilles ».

À trente ans, tu découvres que le « point G » n'est pas un mythe.

Tu apprends que la première représentation anatomique exacte du clitoris date de 1998. Elle a été réalisée par l'urologue australienne Helen O'Connell.

Tu lis qu'en 2019, seulement un manuel de SVT sur huit représente correctement le clitoris.

Tu as déjà vingt-cinq ans lorsque tu découvres, au détour d'une conversation, le mot cyprine.

Tu perds ta virginité à dix-sept ans. Ta mère te gratifie d'une phrase assassine : « Ici, on est la femme de quelqu'un ou la fille de quelqu'un. Bravo, à présent, tu n'es plus rien. »

Tu as déjà entendu que l'excision n'était pas un acte de barbarie, mais une tradition.

Tu apprends qu'une fille de ton entourage, vingt-cinq ans à l'époque, s'est déjà fait recoudre l'hymen deux fois. Sur ordre de sa mère.

Tu connais des mots à foison pour décrire un pénis, mais tu ne sais jamais quel terme utiliser pour parler de ton sexe.

Prononcer le mot « vulve » te paraît impossible.

En traînant sur un site de déguisements, tu tombes sur un masque en forme de pénis. La description du produit est édifiante : « Hilarant ! Un déguisement original représentant un pénis, ses bourses et sa touffe de poils. Un gadget festif assez coquin, idéal pour mettre de l'ambiance lors d'un enterrement de vie de jeune fille, ou bien encore l'anniversaire d'une copine allumeuse ou célibataire. En tout cas, le message est passé : on sait qu'elle aime ça ! Fous rires garantis ! » Tu te demandes si un masque en forme de vulve aurait droit à une présentation similaire.

Alors qu'il existe au Japon une fête de la Fertilité où des chars avec des pénis géants paradent, tu apprends que l'artiste Megumi Igarashi risque deux ans de prison pour avoir créé des œuvres à partir de moulages de sa vulve.

Tu n'aimes pas que le mot « con » soit une insulte.

Tu ne supportes plus qu'on utilise le mot vagin lorsqu'on veut parler de vulve.

Tu demandes à ton collègue ce qu'il a prévu pour la Saint-Valentin. Il souffle, dépité : « Eh bah, pas grand-chose, elle a une infection à la bouche, elle peut plus me faire de pipes ! » Tu lui réponds : « Eh bien, tu n'auras qu'à t'occuper d'elle. » Bref moment de blanc, il ne semble pas vraiment comprendre ce que tu veux dire par là. Il se contente de bougonner : « Pff, n'importe quoi ! »

Le type tapote ta chatte. Tu ne sais pas comment lui signifier que tu ne ressens absolument aucun plaisir, que cette reproduction de gestes issue tout droit du porno t'enlève toute excitation.

Il vient d'éjaculer. Toi, tu n'as pas encore joui. Tu lui prends la main et la poses sur ton clitoris. Il souffle : « OK, mais je suis fatigué » et d'une main molle commence à te caresser vaguement. Tu fais semblant de gémir, espérant que ça le motivera un peu, puis tu laisses tomber et sors du lit d'un bond.

Tu te demandes combien de fois, ils accepteraient, eux, de baiser sans avoir d'orgasme, avant de péter un plomb.

Tu ne comprends pas que l'éjaculation féminine soit si taboue. Tu as l'impression que les seules fois où apparaît ce terme, c'est dans les catégories de sites porno.

La fascination d'un hétéro qui demande à la gouine que tu es : « Comment font les filles quand elles couchent ensemble ? », et ta peine pour la petite amie de l'hétéro en question qui ne doit clairement pas savoir s'y prendre, pour poser une telle question.

Quand tu lui apprends que tu es lesbienne, il t'assure que c'est parce que tu n'as pas trouvé « le bon ».

Une fois, un mec t'a dit : « Tu es lesbienne ? Mais ça doit te manquer de pas te faire taper dans le fond. »

Il te demande si c'est ta copine ou toi qui « fait l'homme ».

Ils pensent : « Les nanas, faut toujours qu'elles collent du sentiment sur les histoires de cul ! », alors qu'à toi aussi il t'arrive d'avoir envie de prendre ton pied avec une histoire sans lendemain.

Tu aimes les garçons doux, sensibles, délicats. Et pourtant, restent ces fantasmes de rapports violents où tu serais à la merci d'un homme.

Au lit, il te confie qu'il aime bien prendre « la place de la femme », c'est-à-dire être lové passivement au creux de tes bras ou quand c'est toi qui prends les commandes.

On lui a fait remarquer qu'il fait l'amour « comme une femme », parce qu'il est très doux.

Il s'étonne : « C'est fou que tu parles autant de masturbation. C'est un truc de mec. »

La sexualité entre femmes a un pouvoir érotisant pour la majorité des mâles hétérosexuels. Ils t'expliqueront qu'ils trouvent ça doux, sensuel, et joli à regarder, mais que ce n'est pas de la sexualité. Seul un homme est capable de te faire jouir.

Tu avais tellement peur qu'il pense que tu étais un mauvais coup que tu ne te préoccupais que de son plaisir.

La première fois que tu as fait l'amour, tu n'as rien ressenti. Tu as mis des années avant de prendre conscience que tu pouvais toi aussi avoir du plaisir. Que tu n'étais pas qu'une machine programmée à faire jouir.

À vingt ans, tu ne pensais qu'à leur donner du plaisir, tu ne pensais jamais au tien. À vingt-cinq ans, tu ne pensais qu'à ton plaisir, jamais au leur. Aujourd'hui, à trente ans, tu as enfin réussi à trouver le juste équilibre.

Le masculin de « nymphomane », c'est « satyriasique », tu avais déjà entendu ce terme ? Non, parce qu'un homme qui aime le sexe, c'est « normal », « évident », alors qu'une femme qui aime le sexe, c'est tout de suite une « nympho », une « malade du cul ».

Tu as mis des années avant de formuler que le porno n'était pas une mauvaise chose en soi et n'était pas réservé qu'aux mecs.

Tu te demandes pourquoi sur l'écran on ne voit que la bite et le cul de l'acteur X, toi, tu voudrais en voir un peu plus.

Tu aimerais qu'il y ait des acteurs porno plus à ton goût. Mais faut pas rêver, tu n'es pas la cible marketing de ces films.

Tu réalises des pornos féministes, car tu refuses que la représentation de la sexualité ne soit faite que d'un point de vue masculin.

Tu comprends que si tu réalises tes fantasmes BDSM, ce n'est pas parce que tu es une femme soumise, ou une antiféministe, mais parce que tu assumes ta sexualité.

Ça t'énerve qu'on juge que telle ou telle pratique sexuelle dégradante pour une femme. Comme s'il y avait des choses inacceptables dans le sexe, objectivement avilissantes, indépendamment de comment et avec qui elles sont pratiquées.

Tu baises avec des mecs, avec des filles, avec les deux à la fois, tu as des relations longues, des coups d'un soir, tu explores la sexualité, tu te masturbes beaucoup. Tu arrives enfin à te foutre de ce que les autres peuvent en dire. Ça t'appartient.

Quand tu lis Freud et qu'il explique qu'une femme est frustrée parce qu'elle n'a pas de pénis, tu te marres bien. Tu y repenses le soir quand tu as quatre orgasmes à la suite.

Tu as fini par comprendre que les femmes ont autant de besoins sexuels que les hommes, et que tout ce qu'on avait pu te raconter, ce n'étaient vraiment que des conneries.

« TON CORPS, TES CHOIX »

Tu as mal au ventre. Ton collègue te demande si tu es malade. Tu lui réponds que tout va bien, que c'est normal. Tu ne prononces pas le mot « règles », tu as peur de le gêner.

C'est décidé, maintenant quand on te questionnera lorsque tu prendras un Ibuprofène, tu diras simplement : « Parce que j'ai mes règles. »

Tu trouverais ça logique que les protections hygiéniques soient remboursées par la Sécu.

Tu as treize ans et tu as tes règles pour la première fois. Tu n'oses pas demander à ton père, qui t'élève seul, de t'acheter des serviettes.

Pourquoi il t'a fallu quinze ans pour assumer d'acheter des tampons dans un supermarché ?

Tu sais qu'avoir ses règles n'est pas une excuse pour ne pas aller travailler. Pourtant, tu as des poussées de fièvre, les jambes en coton, des nausées, des crampes au ventre, un état de mal-être généralisé.

Tu prends la pilule depuis peu. Ton corps est devenu un champ de bataille et ton désir s'est fait la malle avec ta bonne humeur. Ton conjoint trouve que tu exagères, que tout ça, c'est « dans ta tête ».

Tu es fatiguée de tes potes qui te sortent le fameux « t'as tes règles ou quoi ? ».

Quand tu te tords de douleur à cause de tes règles, ton copain te traite de « chochotte ».

Tu es sûre que si c'étaient les hommes qui avaient leurs règles, cela ferait belle lurette qu'il existerait un jour de congé menstruel.

Tu n'arrives pas à faire monter la mayonnaise. Ta tante te demande si tu as tes règles, tu ne vois pas le rapport. Elle t'explique : « Ben, quand t'as tes ragnagnas, la mayonnaise, elle peut pas prendre, ça la fait tourner. »

Avec une pote, vous parlez de vos règles. Son mec vous demande d'arrêter, car il n'a pas envie d'imaginer du sang sortant d'elle, il trouve ça dégueulasse.

Tu es abasourdie qu'il te pose des questions sur tes règles. Tu as vingt-cinq ans et aucun de tes partenaires ne l'a fait avant lui.

Il voudrait baiser alors que tu as tes règles. Tu n'y arrives pas, tu trouves ça répugnant.

Le Centre international de recherche sur le cancer, dépendant de l'OMS, vient de classer la pilule contraceptive parmi les produits cancérigènes de « groupe 1 », le groupe des « cancérigènes certains ». Tu la prends depuis l'âge de seize ans.

Avant de prendre la pilule, tu avais un peu mal lors de tes règles. Pendant que tu la prenais, tu ne sentais plus rien. Depuis que tu l'as arrêtée, tu te tords de douleur, parfois une semaine avant de les avoir.

Ta pilule t'a donné du cholestérol.

Tu découvres qu'il existe des méthodes de contraception masculine, mais que personne n'en parle jamais.

Tu es enceinte depuis peu et ton conjoint s'exclame très sincèrement : « C'est quand même bien fait, la nature : c'est la femme qui ressent le désir d'enfant et c'est elle qui doit faire tous les examens et vivre les désagréments de la grossesse ! »

Tu prends la pilule du lendemain, par précaution. Ton corps se dérègle complètement, tu as mal partout. Une copine te balance : « Ça t'apprendra ! »

Quand tu as avorté, par voie médicamenteuse, tu l'as fait chez une amie. Tu ne voulais pas le faire dans la maison où tu avais passé ton enfance.

C'est toi qui assumes la contraception, comme dans 99 % des couples.

Tu es fière de ton fils quand il te raconte qu'il a accompagné sa copine chez la gynécologue, car elle voulait se faire poser un stérilet.

Avec ton conjoint, vous partagez les frais de ta pilule, qui n'est pas remboursée par la Sécu. Tes copines trouvent que tu as « de la chance » d'avoir un mec « aussi gentil ».

Tu ne prends plus la pilule, tu as arrêté par choix, par conscience des dangers sur ta santé. Parce qu'il ne veut pas mettre de préservatif, ton copain se retire pour éjaculer à chaque fois que vous faites l'amour. Et à chaque fois, tu prends le risque de tomber enceinte.

Tu as seize ans, tu veux acheter une pilule du lendemain. La pharmacienne refuse de te la vendre. Tu sais que c'est illégal, mais tu as beau insister, rien n'y fait.

Tu as dix-sept ans, le pharmacien qui te vend la pilule du lendemain essaye de te faire peur : « Attention, mademoiselle, ça peut rendre stérile. »

Tu te fais poser un stérilet. La gynécologue est un peu brusque, elle te fait mal. Après l'intervention, alors que tu te tords de douleur, assise face à son bureau, elle te demande : « Mais pourquoi vous ne voulez pas d'enfants ? C'est la plus belle chose qui puisse arriver à une femme. »

Quand tu affirmes ne pas vouloir d'enfants, on te répond : « Ça te passera. »

Tu te rends chez une médecin parce que tu souhaites avorter. Elle passe trente minutes à t'expliquer que tu vas tuer une vie, qu'à vingt et un ans élever un enfant est compatible avec des études, qu'être mère, c'est beau. Elle finit son laïus en concluant qu'elle n'est pas la mieux placée pour te conseiller d'avorter.

Tu as fini par dire que tu étais stérile parce que tu en avais assez de te justifier de ton non-désir d'enfant. Maintenant, les gens ne te jugent plus, ils te regardent avec pitié.

Le médecin t'a fait une épisiotomie lors de ton premier accouchement. Lorsqu'il t'a recousue, il a ajouté, sans t'en informer, un point de plus pour que ton vagin soit plus étroit. On appelle ça «le point du mari».

Après ton avortement, tu vas au planning familial pour une «vérification». Tu demandes quels sont les moyens de contraception autres que la pilule. La médecin te répond que si tu ne sais pas prendre une pilule comme une adulte, alors ça sera un implant. Sans attendre ta réponse, elle rédige l'ordonnance.

Un matin, tu tombes sur cet article : au cours d'opérations, des étudiants en médecine effectuent des touchers vaginaux non consentis sur des patientes sous anesthésie générale. Les professeurs ne voient pas le problème, puisque «ça n'a rien de sexuel».

Ça y est, ça vient, tu le sais, tu le sens. Mais sous péridurale, branchée à un monitoring central comme toutes les femmes qui accouchent ce jour-là, tu as l'impression d'être une poule en batterie. L'obstétricien arrive au dernier moment, sans se présenter. Il t'engueule presque parce que tu ne pousses pas assez. Tu as le sentiment d'être nulle avant même d'être mère.

Tu écoutes une émission de radio sur un groupe de femmes qui pratiquaient des IVG clandestines. Tu te dis qu'au train où vont les choses, il n'est pas impossible que d'ici peu il faille en recréer.

Au planning familial, quand tu leur as dit que tu venais pour un avortement, ielles t'ont disputée comme si tu étais une petite fille.

Tu as dû voir trois médecins différents pour avorter. Les deux premiers ne voulaient pas.

“UN HOMME C’EST UN HOMME, UNE FEMME C’EST UNE FEMME”

Tu constates que les regrets qui accompagnent la naissance d'une fille sont une constante dans de nombreux pays. En Inde, le malheur qui frappe une famille à la naissance d'une fille est lié au sort des parents dans l'au-delà. Dans la Chine impériale, on couchait à terre la petite fille qui venait de naître et on la laissait croupir trois jours avant de s'en occuper. En Grèce antique, des guirlandes de branches d'olivier suspendues à la porte de la maison annonçaient la naissance d'un garçon, une quenouille celle d'une fille.

À ta naissance, la sage-femme a formulé un vœu : « Tu seras intelligente. » Ta mère regrette encore que cette prédiction n'ait pas été destinée à ton frère.

Dans le regard de ton grand-père, tu lis moins d'intérêt pour toi que pour tes frères, juste parce que tu es une fille.

Petite, tu allais chez tes voisins et tu les regardais jouer à la PlayStation. S'ils te proposaient la manette, tu déclinais leur proposition, car tu pensais que comme tu étais une fille, tu ne pouvais pas y arriver.

Les garçons jouent au ballon dans le centre de la cour d'école, occupent la quasi-totalité de l'espace. Toi et les autres filles restez sur les bords, assises sur des bancs.

Elle a maquillé sa gosse de quatre ans. Elle lui dit : « C'est bien, maintenant tu es une vraie fille. »

Tu as six ans, à la maternité tu rencontres pour la première fois ta petite sœur. Tu t'étonnes. Si c'est vraiment une fille, pourquoi elle n'a pas de nœud rose dans les cheveux ?

À l'école, tu restais avec les autres filles sur le bord du terrain de foot et tu regardais les garçons jouer. Pourtant, les rejoindre ne t'était pas officiellement interdit.

Avec une amie, mère d'un enfant de sept ans, vous décidez de louer des patins pour mieux profiter d'un magnifique lac gelé. Alors que ton amie demande à la vendeuse une paire pointure 32, celle-ci répond : « Garçon ou fille ? » Perplexes, vous lui demandez quelle est la différence. Elle vous répond : « Ceux pour les filles ont une pointe, au bout, pour les aider à s'arrêter. »

On t'a appris que « par nature » les femmes sont censées ne pas savoir se défendre, et que les hommes sont là pour les protéger.

Quand tu étais petite, ta famille te trouvait trop caractérielle, trop volontaire… pour une fille.

Tu aimerais bien refaire l'éducation des princesses des contes de fées et de toutes les héroïnes passives qui attendent bien sagement la venue du prince charmant, de l'homme providentiel qui les sauvera de leur ennui et de leur triste condition.

Tu accepterais presque de te marier à l'église, mais seulement si les religieuses peuvent consacrer ton union.

À l'école, tu as appris que « le masculin l'emporte sur le féminin ».

Tu as neuf ans. Tu rêves d'Indiana Jones, de sa chemise entrouverte sur son torse transpirant, de sa barbe de trois jours qui doit piquer, de sa façon virile d'envoyer balader les femmes.

Tu travailles en crèche, tes collègues enlèvent systématiquement les poupées des mains des petits garçons pour leur refourguer des pistolets. Un jour, une maman aperçoit son fils jouer avec une poussette. Elle fait un scandale : « Il ne faut pas que son papa voie ça ! »

Dans la vitrine, une série de produits dérivés pour enfants avec pour tous une inscription : « Quand je serai grand/grande, je serai… » Tu remarques deux catégories bien distinctes. La première à destination des garçons : « Quand je serai grand, je serai : pompier, aventurier, chef, rugbyman, chevalier, policier… » La deuxième à destination des filles : « Quand je serai grande, je serai : une jolie sirène, maîtresse, princesse, gourmande, chanteuse, une fée… »

Elle met du vernis à ongles à sa fille de quatre ans. Quand tu en proposes également à son fils de trois ans, il secoue la tête : « Bah non, les filles elles en ont besoin, mais pas moi. » Sa mère te fusille du regard.

Dans un documentaire, tu découvres que la déferlante de produits roses et bleus ne fait que répondre à des enjeux marketing : quand on a une fille on achète tout en rose, quand on a un garçon on achète tout en bleu. Double achat, double bénéfice.

Tu apprends que le rose n'a pas toujours été la couleur des petites filles : elle était auparavant réservée aux hommes nobles et puissants, aux rois. Le bleu était celle des femmes, car elle évoquait la Vierge…

Tu joues aux Playmobil avec ton cousin. Lui a les policiers et les cow-boys, toi les intérieurs soignés «Belle Époque». Vous essayez tant bien que mal de faire cohabiter les deux.

Quand tu as eu tes règles, on t'a annoncé : «Ça y est, tu es une femme.» Tu en conclus qu'«être une femme» se réduit à ta capacité à faire des gosses.

Il affirme avec aplomb : «Un homme c'est un homme et une femme c'est une femme.»

Tu as remarqué que chez les Schtroumpfs, il y a le Schtroumpf timide, le Schtroumpf paresseux, le Schtroumpf gourmand… et la Schtroumpfette. Comme si la femme n'était qu'une déclinaison de l'homme.

Les êtres humains des deux sexes : des Hommes.

Le masculin considéré comme neutre et universel, ou comment inscrire le sexisme à même la langue.

La supériorité de l'homme sur la femme est inscrite en lettres capitales sur les parois de ton inconscient.

Malgré ton envie, tu es incapable de pratiquer un sport de combat : l'agressivité, la compétition, c'est comme si c'était le territoire des mecs.

Tu entends souvent que, de toute façon, une femme aura toujours moins de force qu'un homme.

Au collège, tu as refusé de sortir avec certains garçons parce que tu étais plus grande qu'eux.

Lui doit être fort et entreprenant. Toi, tu dois être belle et enjouée.

Le « Sois belle et tais-toi » n'a jamais réellement été révolu.

Ta posture est peu « féminine » : le dos voûté, le ventre en avant, et on te le fait remarquer.

Tu t'es pris une sacrée cuite hier soir et tu dors avec un ami. Le matin, il s'étonne : « C'est bizarre, je pensais pas qu'une fille pouvait ronfler. »

On te reproche de parler trop fort quand tu bois. Ça fait vulgaire.

Ta mère t'a prévenue : « Il n'y a que les filles de mauvaise vie qui vont dans les bars. » Depuis, tu ne vas jamais seule prendre un café.

Tu ne vois plus ta famille depuis trois ans, parce qu'une fille qui boit occasionnellement, qui fume, qui fait des études et qui a un copain sans être mariée ne mérite de faire partie d'aucune famille.

Quand ton psy t'explique que tu entretiens avec le monde et ton entourage un rapport phallique, tu ne peux pas t'empêcher de te sentir flattée. Comme si la féminité était une faiblesse.

Tu aides un ami à déménager. D'emblée, il t'attribue les tâches les plus aisées.

Au bar, à la table d'à côté, une femme commande un cocktail à la fraise. Le type avec elle lui demande s'il pourra goûter. Elle lui répond : « Tu vas voir, c'est bon, même si c'est un truc de nana. »

Tu es dans un café avec un pote. Tu commandes une pinte et lui un thé. Le serveur pose le thé devant toi sans poser de question.

Tu discutes avec un copain, il s'indigne : « Une fille qui fait des fautes d'orthographe, c'est vraiment vulgaire. » Tu lui demandes : « Et les mecs, alors ? » Du tac au tac, il te répond : « C'est pas pareil. »

Pendant l'apéro avec des amis, tu rotes sans faire exprès en buvant de la bière. Au lieu de te dire : « Bravo, c'est classe » ou « Ça ne se fait pas », ils te gratifient d'un : « C'est dég', t'es une fille, bordel ! »

Si tu apprends qu'un ami tourne dans des pornos, tu peux trouver ça étonnant, bizarre, au pire un peu gênant. Mais si tu découvres qu'une amie joue dans des pornos, alors là, c'est la honte, la déchéance, c'est la pire chose qui pouvait lui arriver.

C'est quand même bizarre d'accuser systématiquement telle ou telle nana de donner une « mauvaise image de la Femme », parce qu'elle porte tel habit ou qu'elle chante telles paroles. Personne ne parle jamais d'une « mauvaise image de l'Homme ».

Euro 2016, pour l'occasion, Auchan commercialise un tote bag. Sur une face est inscrit : « Lui au foot, moi au shopping », sur l'autre : « Il supporte l'Euro, je le supporte lui ».

Alors que tu es la première à critiquer les généralités, tu te surprends à commencer une phrase par : « Les femmes… ».

Ta mère te répétait : « Tous les hommes sont des salauds, sauf ton père. » Voilà qui te laissait peu de choix pour la suite.

Petite, tu entends ta tante s'adresser à ta mère en parlant de ton père : « Il a une maîtresse, et alors ? Après tout, c'est un homme ! »

Lors de l'avènement du pape, un cardinal vérifie manuellement au travers d'une chaise percée que le pape est bien un homme et déclare en latin : « Il en a deux, et bien pendantes. » Ce à quoi le chœur des cardinaux répond : « Rendons grâce à Dieu. »

Il déclame que l'homme est un prédateur, que c'est normal pour lui de baiser à tout-va : c'est l'instinct du reproducteur.

Tu fantasmes en pensant aux avantages si ton copain pouvait enfanter. Vous pourriez alors décider que c'est chacun son tour. Une copine te répond : « Mais quelle horreur, un mec enceint ! »

Non. Il n'y a pas un « côté féminin » qui serait la sensibilité et l'empathie, et un « côté masculin » qui serait l'ambition et la volonté.

Tu ne supportes pas d'entendre : « De toute façon, les femmes, elles n'aiment pas les hommes trop gentils, elles leur reprochent de ne pas être assez virils. »

Tu crois que tu es différente parce que tu ne pleures jamais (en public), que tu ne te plains pas de tes règles, que tu parles fort, que tu écartes les jambes quand tu t'assois dans le métro, que tu prends de la place, que tu manges à ta faim (en public), que tu mets dix minutes à te préparer le matin et que tu paies les verres de tes mecs. Puis tu te rends compte que tu essayes juste d'être de l'autre côté, du bon, celui des hommes.

Un jour, on a souligné que tu avais un « humour masculin ». Tu te rappelles avoir été tentée de le prendre comme un compliment.

Dans les discussions, tu refuses de te taire et n'hésites pas à donner ton point de vue de façon tranchée. Ton comportement est jugé « un peu trop masculin ».

Un de tes amis a déclaré que tu étais son « meilleur pote ».

Tu as l'habitude que tes amis les plus proches t'appellent « mon gars ».

Ton ex t'assénait que ce qu'il aimait chez toi, c'était ton « côté mec ». Après votre séparation, tu n'as porté que des jupes pendant un an.

Il te répond : « Oui, tu es féminine… même si tu as quelque chose de dur en toi. »

Tu entends souvent : « Que les femmes ne s'étonnent pas d'être seules, à force de vouloir ressembler aux hommes. »

En cours d'histoire, ton professeur reprochait à Catherine II de Russie d'être une femme qui collectionnait les amants et tuait ses opposants à tour de bras. Il te semble que c'était la ligne de conduite de tous les rois sans que personne n'en soit choqué.

Le couple qui te prend en stop t'explique qu'habituellement ils ne prennent personne, mais qu'ils se sont arrêtés parce que tu es une fille. Tu as envie de sortir un couteau de ton sac, pour bousculer un peu leurs préjugés.

Tu t'es coupé les cheveux court, tout le monde trouve que ça te va très bien. Tout le monde sauf ta mère. Elle te le reproche : « La Terre entière n'a pas à savoir que tu es lesbienne. »

Tu as une amie qui a les cheveux courts, la posture et la garde-robe plutôt masculines, le parler franc, elle donne une forte impression de confiance en soi. Tu as toujours cru qu'elle était lesbienne. Le jour où tu comprends qu'elle est hétéro, tu te sens très conne.

Tu es toujours étonnée par le manque d'imagination des scénaristes de films d'anticipation. La conception du genre reste complètement binaire et les rapports hommes/femmes ne sont pas vraiment différents de ceux qu'on connaît. Ne pourrait-on pas espérer que dans cinq cents ans les choses aient un tout petit peu changé ?

Tu t'es coupé les cheveux court, on t'appelle parfois « jeune homme », ça te plaît assez.

Garçon *manqué* : tu ne comprends pas pourquoi cette expression nauséeuse n'a jamais été reconnue comme une insulte.

Le sexisme ordinaire, c'est la « police du genre », le rappel à l'ordre sur ce que doit être une vraie femme ou un vrai homme.

Tu lui dis qu'il n'a pas besoin d'être fort,
Tu lui dis que tu t'en fous qu'il soit protecteur,
Tu lui dis que tu n'attends pas qu'il te sauve,

Tu lui dis qu'il a le droit d'être faible,
Tu lui dis qu'il a le droit de pleurer,
Tu lui dis qu'avoir une épaule pour soutenir l'autre, c'est dans les deux sens.

Tu as envie de te déguiser en homme, pour voir ce que ça change.

Tu aimes bien quand les hommes se maquillent ou mettent des jupes.

Tu fais l'effort de te rappeler que tout le monde s'apprête chaque jour pour correspondre à un genre bien précis.

Tu rêves d'un monde idéal où le genre n'existerait pas.

Tu voudrais rencontrer les gens dans le noir.

Tu ne sais décidément pas ce que ça veut dire « être une fille ».

Tu sors dans la rue, pas lavée, les cheveux gras, même si ça ne se fait pas.
Tu ne te maquilles pas, même si ça ne se fait pas.
Tu t'assois les jambes écartées, même si ça ne se fait pas.
Tu bois autant qu'un homme, même si ça ne se fait pas.

Tu manges autant que ton mec, même si ça ne se fait pas.
Tu ne te tiens pas droite, même si ça ne se fait pas.
Tu jures comme un charretier, même si ça ne se fait pas.
Tu es prête à te battre si besoin, même si ça ne se fait pas.

“ ÊTES-VOUS PRÊT À BAISER UNE FEMME PAR JOUR ? ”

Il y a ceux qui ne te parlent plus dès qu'ils apprennent que tu n'es pas célibataire.
Il y a ceux qui ne te parlent pas parce qu'ils ne sont pas attirés par toi.
Il y a ceux qui ne te parlent pas parce qu'ils sont attirés par toi et ça, ça les rend trop nerveux.
Il y a ceux qui ne te parlent pas parce qu'ils pensent qu'une fille n'a forcément rien à dire de très intéressant.
Et enfin, il y a ceux qui te parlent comme à un autre être humain, et ceux-là, tu aurais presque envie de les remercier.

Derrière ton stand, postée dans les allées du Carrouf, tu es juchée sur des talons hauts, moulée dans une robe à fleurs. Tu essayes tant bien que mal de vendre des soupes chinoises sous vide dégueulasses.

Premier jour de boulot dans une association développant des projets multimédias. Ton boss discute au téléphone avec un partenaire. Avant de te tendre le combiné, il le prévient : « Je te passe ma nouvelle administratrice pour que tu voies ça avec elle. Elle saura quoi faire et en plus, elle est plutôt pas mal ! »

Tu es au travail. En plein open space, un collègue et sa clique clament, en riant grassement, qu'ils aiment les *boobs* et qu'ils aimeraient être les empereurs de la galaxie des *boobs*. Ça dure dix minutes sans que personne ne réagisse. Y compris toi.

Dans les publicités, on réduit la femme à un produit, un objet marchand : « Il a la voiture, il aura la femme. »

Au boulot, la règle est stricte : pas de short ni de tongs en été. Mais la règle ne s'applique qu'aux garçons.

Tu découvres que pour la Saint-Valentin, des joueurs de foot ont décidé d'entrer sur le terrain avec des mannequins en sous-vêtements. Leur objectif ? « Rendre hommage aux femmes. »

Tu entends dans un reportage que le talent des mannequins consiste à rester calmes, dociles, malgré toutes les mains qui parcourent leur corps. Tu te fais la remarque qu'appliquer cette définition à toutes les femmes n'est pas très loin de la réalité.

Dans ta famille, tout le monde trouvait ça risible quand, devant la télé, ta mère s'insurgeait contre les Claudettes en minishort qui se trémoussaient autour de leur idole. Aujourd'hui, tu trouves qu'elle avait bien raison.

La proviseure du lycée renvoie ta fille à la maison en lui demandant de changer de tenue. Elle porte un short ordinaire, ni moulant, ni mini, mais apparemment c'est interdit dans l'établissement. Lorsque tu vas voir la proviseure pour lui indiquer que ladite interdiction ne figure nulle part dans le règlement intérieur, elle te rétorque que c'est une question de bon sens, une fille ne vient pas au lycée en short : ça empêche les garçons de se concentrer.

Tu vas te baigner dans un lac, tu aperçois un groupe de jeunes à côté de toi. Les filles entrent dans l'eau en gardant leur T-shirt, les garçons eux, sont en short de bain.

Dès qu'il fait plus de vingt-cinq degrés, ils se mettent tous torse nu, il fait chaud, c'est normal, ça n'a rien de sexuel. Toi, quand tu mets une jupe au-dessus du genou, à voir tous les mecs te mater, c'est comme si tu étais à poil.

Tu aimerais pouvoir te balader torse nu quand il fait chaud.

La performance d'une artiste luxembourgeoise qui s'est dénudée au musée d'Orsay a choqué, le public a été évacué et la police appelée à la rescousse. Trois ans auparavant, un artiste s'était lui aussi retrouvé nu dans ce même musée, sans que personne n'intervienne.

Sur les réseaux sociaux, il t'est interdit de montrer tes tétons, ou une petite tache rouge sur l'entrejambe de ton jogging. Par contre, il ne t'est pas interdit de te faire insulter, menacer de mort ou de viol dans les commentaires.

À Lyon, l'été, il est quatre heures du mat'. Il n'y a personne sur les quais, tu rentres d'une soirée avec ton copain, vous êtes un peu bourrés. Tu as chaud, toi aussi tu as envie d'être torse nu. Quand tu enlèves ton T-shirt et ton soutif, vous croisez une bagnole de flics qui fait immédiatement demi-tour, et vous poursuit. Vous courez jusqu'à ton hall d'immeuble.

Pourquoi les seins ont-ils forcément quelque chose de sexuel ?

Au cas où tu aurais oublié que tu n'as pas mis de soutif, les yeux que tu croises à chaque mètre te le rappellent amèrement.

Ce que tu lis dans ces yeux qui jugent, tous ces gens qui se mordent la langue pour ravaler difficilement leurs réflexions sur tes tétons qu'on devine sous le tissu.

Il paraît que la « tendance de l'été », ce sont les faux tétons à se coller sur les seins pour « déstigmatiser le téton féminin » et tu n'en reviens pas de l'absurdité d'une telle idée, comme si les tiens au naturel ne pouvaient pas suffire.

Il y a ceux qui te regardent dans le décolleté, ceux qui tentent d'estimer à vue ton tour de poitrine, ceux qui te le demandent, ceux qui font des réflexions dans la rue, ceux qui te complimentent uniquement sur cette partie de ton corps, il y a aussi ce sous-chef, dans la rédaction où tu travaillais à tes débuts, qui a fait un jour remarquer à la cantonade dans l'open space que tu avais les plus gros seins du service.

Sur YouTube, tu tombes sur une vidéo annonçant que sur Twitch, une plateforme où des Internautes se filment en train de jouer aux jeux vidéo, certaines filles se dénudent contre de l'argent. Lorsque tu cliques sur les profils de ces streameuses, tu découvres qu'il s'agit seulement de filles « normales » qui jouent, tout simplement. En plus d'être des filles dans ce milieu de mecs, elles ont toutes le « dés »avantage d'avoir une grosse poitrine, ce qui leur vaut des commentaires tous plus graveleux les uns que les autres.

La soirée bat son plein, quand une fille se met à poil et danse sur une chaise. Tout.e.s les invité.e.s sont outré.e.s, entre éclats de rire gênés et insultes. Pourtant, trois types ont déjà montré leur bite depuis le début de la soirée et tout le monde a trouvé ça très drôle.

Quand le meilleur ami de ton copain vient prendre l'apéro chez vous, c'est lui qui gère la musique. Des clips débiles défilent toute la soirée sur l'écran du vidéoprojecteur. Des fesses démesurées se trémoussent en cadence, des nibards gonflés à bloc tressautent sur de l'électro. Les deux gonzes trinquent comme si de rien n'était, bougent la tête au son de la musique. Et toi, tu as envie de pleurer dans tes chips.

C'est bientôt Noël, tu flânes sur les grands boulevards. La vitrine très lumineuse d'un magasin de déguisements attire ton attention. Au milieu trône un mannequin assis, habillé d'un costume traditionnel de père Noël, comme tu le connais depuis toujours. À côté de lui, la mère Noël, debout, en bikini rouge et blanc, semble se déhancher.

Quand tu étais enfant, tu adorais le film *Roger Rabbit*. Aujourd'hui, en y repensant, tu trouves ça un peu dégueu, cette histoire de Jessica Rabbit, bombe hyper sexualisée, mariée, tout naturellement, à un lapin.

La potiche du loto, du talk-show, de la météo : partout, le même archétype tiède de féminité bouche bée.

Dimanche soir, gare de Lyon, tu longes les couloirs pour aller prendre ton métro. Ton regard balaye les écrans publicitaires, tu t'arrêtes net. Face à toi, une pub Ikea pour une cloche à gâteaux, le slogan : « Elle est cloche… mais qu'est-ce qu'elle est belle. »

Avec tes potes, vous critiquez une meuf que vous trouvez stupide. L'un d'eux sort : « Mais elle est bonne, on lui pardonne ! »

Tu t'agaces des héroïnes qui sont présentées comme de belles gourdes. Comme si la beauté excluait automatiquement l'intelligence.

Tu apprends que Joséphine Baker n'était pas seulement cette image de danseuse de revue dénudée à la ceinture de bananes, ce à quoi on aime si bien la réduire, mais une résistante pendant la Seconde Guerre mondiale, ainsi qu'une militante contre le racisme et pour l'émancipation des Noirs.

Un collègue clame haut et fort dans l'open space : « Faut qu'on recrute des jolies filles, parce que là, on est en pénurie de canons. »

Tu refuses de mettre une photo sur ton CV. Aucune envie d'être choisie pour ton physique.

Tu as l'impression désagréable d'être systématiquement dévisagée de la tête aux pieds lorsque tu prends la parole en public.

Il s'étonne : « Tu devrais être flattée de te faire draguer, ça montre que tu plais. » Toi, tu sais que tu n'as rien à te prouver.

À chaque fois que tu vois ta bande de potes, tu as le droit à des « Putain, joli cul avec ce jean », « T'es bonne aujourd'hui », « Waouh, ce pull avec tes seins, magnifique », « Tu as mis du rouge à lèvres, tu veux choper ? ». À force, tu les envoies bouler. Ils ne comprennent pas pourquoi : « On te dit que tu es belle et ça t'énerve ? »

Tu n'en peux plus de ces clichés véhiculés sur les femmes noires, de ces « curieux » qui veulent te baiser parce que c'est « exotique », parce qu'ils s'imaginent qu'au pieu tu seras « plus sauvage ».

« Ma lionne », « ma panthère », « ma tigresse »... En tant que femme noire, tu es constamment associée à un animal.

Un collègue révèle à son assistante, et accessoirement à l'ensemble de l'open space, que son fantasme ultime, c'est de faire un plan à trois avec des sœurs jumelles.

Tu passes l'après-midi chez un camarade de fac que tu ne connais pas encore très bien, avec un de ses amis que tu vois pour la première fois. Alors que vous êtes en train de discuter, il allume son ordi et lance un film de cul. Tu es déroutée, tu ne sais pas comment réagir. Puis tu décides de faire comme si de rien n'était. Tandis que de gros plans de pénétration envahissent son écran, tu continues à parler, haussant la voix pour couvrir les gémissements féminins qui remplissent l'espace.

À la fête d'anniversaire de ton copain, un de ses meilleurs potes lui dit, devant toi : « Putain, à vingt-quatre ans t'es jamais allé aux putes ? Allez, ce soir c'est moi qui offre, j't'emmène au camtar. »

Tu te souviens du *Collaro Show*. Tous les soirs en *prime time*, la France avait droit à un strip-tease en direct.

Ce souvenir est un peu vague, et lointain, mais tu as cette image incrustée dans ton crâne d'un de tes oncles en train de feuilleter d'un air décontracté un *Playboy* devant tout le monde en commentant les corps dénudés exposés aux regards de toute la famille.

Quand tu allumes Internet, un pop-up surgit et te demande : « Êtes-vous prêt à baiser une femme par jour ? »

Tu es avec des amis dans ton appart, vous matez des clips américains, chansons nazes, gros seins, bons culs. L'un d'eux lâche : « Les femmes sont toutes des vaches. »

Un homme facile, c'est un homme agréable à vivre. Une femme facile, c'est une pute.

Tu ne supportes plus ces auteurs *underground* qui pour être « subversifs » dans leurs écrits redoublent de violence sexuelle, de clichés sur « la femme super salope en bas résille ». Comme si tout ça n'avait pas déjà été écrit des millions de fois.

Tu n'arrives pas à t'y faire, ça te choque toujours ces couvertures de magazines de cul devant les tabacs-presse. Dans la rue, à la vue de tou·te·s, des nanas à poil avec des étoiles sur les tétons de leurs seins archisiliconés, à hauteur des yeux des enfants.

Tu entends souvent dans les médias le terme « porno chic », mais quand tu observes les campagnes de pub, tu te demandes bien où est le « chic ».

Peu importe les mots que tu tapes dans la barre de recherche Google Images, arrive toujours un moment où s'affiche dans les résultats la photo d'une femme à poil.

« Teen », « MILF », « cougar », « granny », tout au long de ta vie tu n'es définie que par des catégories de sites porno.

Tu regardes ces « lolita » de treize ans, leur visage enfantin, leurs soutiens-gorge rembourrés, minijupes, chaussures à talons et rubans dans les cheveux. Tu te demandes si elles ont conscience de ce qu'elles représentent.

À Noël, ta fille de six ans a reçu une poupée ultra-sexualisée : grands yeux, grosse bouche, vêtements sexy, maquillage outrancier… La voir jouer avec te donne la nausée.

Depuis l'adolescence, tu traînes majoritairement avec des garçons, alors tu commentes, comme eux, les fesses des filles.

Ça te dérange de t'apercevoir que tu es toi aussi fascinée par la beauté d'une femme.

Tu te surprends à penser : « Elle est belle », « Elle est moche », à formuler des jugements sur la beauté.

Quand tu sors en bar, en boîte, au concert, tu as l'impression d'être un produit parmi tant d'autres, dans le grand supermarché de la consommation sexuelle.

Tu as besoin de le séduire, même s'il ne t'attire pas.

Quand tu entres dans l'adolescence, tu sens que pour te démarquer de tes frères, il va falloir que tu travailles l'art de séduire, que c'est ça, le rôle que l'on attend de toi.

Tu es auteure et tu écris parfois des trucs un peu chauds. Un soir, après une lecture, un type t'invite à boire un verre. Chez lui. Quand tu déclines poliment, il s'énerve : « Ça joue les allumeuses sur le papier, mais quand il s'agit de passer aux choses sérieuses, il n'y a plus personne ! »

Ton pote se plaint de ne pas réussir à baiser. « Toi, t'as pas ce genre de problème, t'es une nana. »

Tu n'es pas sûre de vouloir te détacher de l'image de séductrice que ton sexe et ton physique t'imposent. Tu y trouves quelque chose de rassurant, à moins que ce soit la peur de lâcher ce rôle qui te définit.

Tu te dis qu'au fond ça t'arrange bien de te faire payer des verres.

Un ami t'explique le plus sérieusement du monde que s'il enchaîne les aventures, même lorsqu'il est maqué, c'est parce qu'« il aime trop les femmes ».

Il déclare : « Mes copines, c'est juste pour la baise. Pour le reste, j'ai mes potes. »

Tu te demandes toujours si ce mec qui te parle n'est pas en train de te draguer.

Quand tu lui fais comprendre qu'il ne t'attire pas, il te demande si tu es « gouine ».

Un copain vous raconte que la fille pour qui il avait le béguin lui a refilé une MST. Un autre pote lance : « T'es con d'avoir fait confiance à une meuf, c'est toutes des putes ! »

Tu as vingt ans de moins que ton mec. Aux yeux de ses potes, tout ce que tu peux lui apporter, c'est uniquement la jeunesse de ton corps.

Montée des marches à Cannes. Tu vois ce réalisateur prestigieux et sa femme, âgée de trente ans de moins, à vue de nez. Ton pote commente : « C'est bizarre, elle est moche. »

Tu as l'impression d'avoir gâché ta jeunesse en te mettant en couple avec un homme beaucoup plus âgé. Tu te fais la réflexion que si tu n'avais pas, adolescente, regardé en boucle les films de Woody Allen, un choix pareil ne t'aurait peut-être pas paru si naturel.

Tu lis sur un réseau social : « J'ai envie d'essayer une Noire. »

Tu lis sur un réseau social : « Je sortirai jamais avec une Noire, mais je m'en taperais bien une. »

Ton père te sort : « Tu veux pas devenir lesbienne ? Au moins, je pourrais me rincer l'œil quand tu ramènes quelqu'un à la maison. » Tu essayes de prendre ça pour de l'ouverture d'esprit et te forces à rire.

Quand tu as présenté ta petite amie à tes copains, tu as remarqué leurs échanges de clins d'œil. L'un d'eux t'a avoué que ça le faisait fantasmer, et t'a demandé si tu ne voulais pas l'inviter un de ces soirs où vous seriez toutes les deux.

Sur YouTube, tu regardes des vidéos sur les jeux vidéo faites par des filles. Dans les commentaires, elles se font lyncher sans vergogne par des préadolescents en manque de clics mais aussi par des adultes qui participent au cyberharcèlement de ces jeunes filles. Plus tu lis les commentaires, plus l'écœurement monte : « Mets un like si t'as bandé à 3:45 », « À partir du moment où tu mets un décolleté pareil pour te filmer, tu ne mérites pas le respect », « Te plains pas si tu te fais violer en pleine convention, vieille salope ».

Avec ton mec vous allez visiter son oncle installé au Cambodge depuis de nombreuses années. À votre arrivée, l'oncle demande à ton mec, devant toi, devant sa femme : « Dis, on va faire un tour ce soir ? » Traduction : « On va aux putes ce soir ? »

Tu voyages aux Philippines avec deux amies. Vous avez trente ans. Un Occidental, visiblement retraité, passe dans la salle de l'hôtel où vous prenez votre petit-déjeuner et vous aborde. Il explique, l'œil lubrique, que ce pays est un « paradis pour les hommes ». Bah oui, il a « soixante-dix berges » et il se « tape des trentenaires ».

Tu sors d'un bar de nuit avec un ami. Un inconnu le questionne en te désignant d'un hochement de tête : « C'est libre, ça ? »

À l'école de commerce, tes potes regrettent qu'avec un « si beau cul » tu portes des culottes et non des strings. « C'est dommage, et en plus ça fait une marque disgracieuse sous ton pantalon. »

Cet été, sur la plage, un de tes amis lance : « Le meilleur moment de la journée, c'est lorsqu'elle se met en maillot ! »

Le meilleur ami de ton copain aime bien filmer sa copine « hyper bien gaulée » pendant qu'ils baisent. Dès que tu as le dos tourné, il adore montrer les dernières vidéos des performances de sa meuf à ton mec. Ton mec qui, non, vraiment, n'arrive pas à comprendre que ça te gêne.

52 000. Tu découvres qu'ils sont 52 000 types inscrits sur ce groupe Facebook dont le principe est de partager, à leur insu, les photos dénudées de leurs petites amies ou conquêtes d'un soir, et de les commenter à volonté. Facebook assure que le groupe en question « n'enfreint pas les standards de la communauté ».

Tu voudrais qu'il arrête de te dire : « J'aime bien quand tu mets des décolletés, mais pas pour sortir. J'ai pas envie que les autres matent tes nichons toute la soirée ! »

Tu es en pause clope à ton boulot. Une nana en robe très courte passe dans la rue. Le mec lourdingue qui vient te tenir la jambe tous les jours commente : « T'as vu ses collants ? On dirait une pute ! Ce serait ma meuf, je la défoncerais ! »

Ton mec ne veut pas que tu sois en maillot de bain à la plage, devant tout le monde.

À l'adolescence, ta mère t'a tellement dénigrée « pour ton bien » que tu as encore du mal à te regarder dans la glace.

Être une fille, c'est entendre un jour ton père crier : « Tu comptes sortir dans cette tenue ? Va te changer immédiatement et enlève ce maquillage, on dirait une pute ! »

Ton conjoint t'interdit d'aller danser avec tes amies. Il a trop peur que tu te fasses draguer.

Il te trouve naïve : bien sûr qu'il a envie de coucher avec toutes ses amies, c'est un truc de nana, de penser que l'amitié hommes/femmes existe.

Suite à un travail collectif pour la fac, un étudiant te dit que ton sourire et ta positivité ont été fort bénéfiques pour le groupe. Peu confiante en toi en ce moment, tu t'empresses de le dire à ton amoureux. Il s'énerve : « Il veut te baiser, c'est tout. »

Tu fêtes une dépendaison de crémaillère, il y a cette fille qui danse façon strip-teaseuse, joue avec les codes du porno, se déhanche, fait voler ses cheveux, remonte sa jupe lentement sur ses cuisses, s'accroupit et se relève en tendant les fesses. Ton mec n'a d'yeux que pour elle, subjugué. Quand tu lui parles, il ne te répond pas.

Tu ne côtoies plus que des homosexuel·le·s. Les rapports de force hétéros t'ennuient, te débectent.

Tu ressens le besoin de créer des rapports humains qui ne sont pas uniquement fondés sur la séduction.

« MOI, MON FANTASME, C'EST DE VIOLER UNE FEMME »

Enfant, ta mère t'appelait « ma biche »... Comme une illustration du petit animal craintif et fragile que tu étais censée être. Histoire de te rappeler que les loups et les chasseurs rôdaient partout dans les bois, prêts à te dévorer toute crue.

Tu as dix-sept ans. Tu prends des cours de danse. Lors d'une séance, le prof te demande quelle est ta taille de soutien-gorge.

Tu es en seconde. Pendant les contrôles, ton prof de physique-chimie aime bien venir derrière toi pour te masser les épaules.

Alors que tu es prête pour passer ton permis, ton moniteur te rajoute des heures de conduite, car tu as décliné sa proposition d'aller au resto avec lui.

Tu es en sous-vêtements chez le kiné. Il commente : « Pas mal, ce coton blanc. J'aime beaucoup cet ensemble. »

Ton oncle, sans prévenir, se met à faire un massage énergique sur le dos de la femme de ton cousin. Il s'arrête d'un coup et déclare : « Bon, hein, je m'arrête là, je ne descends pas plus bas, parce que… »

Tu as trente ans, et tu assistes pour la première fois à une rencontre professionnelle. Le président de l'association où tu travailles te présente à la dizaine d'hommes « importants », tous la soixantaine bien tapée, tous te dévorant des yeux. Il t'invite à les suivre pour finir la soirée au casino. Tu rougis, mal à l'aise, et files aux toilettes en attendant qu'ils t'oublient.

Tu lis sur le site d'un *pick up artist* que pour contrecarrer le *bitch shield* de la fille à « séduire », il faut déployer le *neg hit*, une technique visant à lui lancer des remarques négatives dans le but de la déstabiliser. Plusieurs types de *neg hits* existent : fusil de chasse, taquin ou sniper, à adapter selon que la cible est seule ou en groupe.

Dans la maison d'édition dans laquelle tu fais ton stage, les employés aiment bien insulter l'imprimante. Quand elle rechigne à marcher, ils lui tapent dessus, façon fessée, en s'exclamant : « T'aimes ça, hein ? Salope ! »

Tu es serveuse. Tu demandes au client d'écarter ses couverts pour que tu puisses poser son plat. Il te répond tout sourire : « Je peux vous écarter autre chose aussi, si vous voulez. »

Tu passes un électrocardiogramme avec un infirmier. Tu dois te mettre torse nu. Tu n'es pas à l'aise, mais tu te raisonnes : c'est mé-di-cal. L'examen terminé, il te lance sur un ton « blagueur » : « Rhabillez-vous vite, s'il vous plaît ! » Sous-entendu : si tu ne te dépêches pas, il ne répond plus de rien.

Il est le prof de dessin sexagénaire d'une de tes amies, et, lors de la soirée de remise de diplôme, il te demande de quelle couleur est ta petite culotte.

Tu as vingt ans, tu es hôtesse d'accueil dans un restaurant. À chaque fois que tu entres en cuisine, les hommes font des commentaires grivois. Un jour, un collègue te met une main au cul. Tu es rouge, folle de rage… mais tu fermes ta gueule.

Tu appelles le plombier pour qu'il vienne réparer l'évacuation de la douche. Il « plaisante » : « Oui, je peux venir dès cet après-midi, mais alors j'espère bien que vous serez toute nue dedans ! »

Le patron du restaurant où tu travailles voudrait que tu gardes le sourire quand les gros porcs de la table 6 te passent une main aux fesses.

Tu es en boîte. Un type se plante devant toi et t'assène un « Tu viens avec moi dans ma voiture et on baise, sinon c'est pas la peine de faire connaissance ».

Gainsbourg, qui tripotait Sandrine Bonnaire aux César, qui a balancé : « *I want to fuck you* » à Whitney Houston en lui touchant le visage et les cheveux, qui embrassait sa fille sur la bouche à la télévision, qui a réalisé ce clip banalisant l'inceste, sa fille de treize ans en culotte dans le même lit que lui, torse nu, c'est ça qui fait partie de ton héritage culturel ?

On t'explique que traiter une femme de salope, de chaudasse, lui faire des allusions sexuelles, c'est de l'ordre des quolibets, de la gauloiserie française. Il vaut mieux parler que faire. C'est un exutoire.

Tu évites la boulangerie la plus proche de chez toi, le boulanger possède ce genre de regard qui déshabille.

Tu as toujours eu peur des hommes : de ton oncle affectueux, de ton grand-père mielleux, du père de ta copine trop présent. À huit ans, tu as demandé à tes parents de ne plus faire appel à des baby-sitters garçons.

Tu as treize ans, ton prof de français te surnomme «*love machine*», devant toute la classe. Ta meilleure amie, elle, a été rebaptisée «*sex machine*».

Tu te rends compte que les amis de ton père qui t'ont connue petite fille fantasment sur toi. Tu fais semblant de ne pas le remarquer.

Quand tu étais enfant, ton oncle faisait «pouet-pouet» à toutes les jeunes filles en leur touchant les seins et les fesses. Ça faisait rire toute la famille.

Tu es toujours mal à l'aise quand ton père te dit que tu es devenue une belle femme.

Depuis que tu as eu dix-sept ans, l'ami d'enfance de ton père, qui t'a vue grandir, t'embrasse sur la bouche pour te dire au revoir, et t'écrit des «Je t'aime» à la fin de ses textos. Tu refuses de le voir pendant deux ans sans jamais en expliquer les raisons, sans jamais rien lui reprocher ouvertement.

Tu es à une réunion de famille, ton oncle, soixante-six ans, garde les deux filles d'un ami à lui, de deux et cinq ans. Tu l'entends dire : « Ah, si elles avaient trente ans de plus. »

Tu es en troisième, tu retournes en cours après une grippe. Tous les élèves de ta classe rient à ton arrivée. Ils te racontent que pendant que tu étais absente, le prof de français a déclaré qu'il aimerait bien « mettre sa tête entre tes deux gros seins ».

À l'adolescence, tu as pris du poids, tu ne voulais pas que les garçons te désirent.

Il y a des matins où tu te regardes dans le miroir, nue, et tu as envie de te lacérer, de t'écorcher, tu as envie de transformer ce corps, de t'exclure à tout jamais de la féminité.

Tu ramènes un inconnu chez toi après une soirée. Tout se passe bien, mais le lendemain, tu te dis que tu ne dois plus prendre ce risque.

Durant tout le temps du festoche, ton mec garde toujours un œil sur toi. Régulièrement, il doit jouer le mâle, montrer les dents, fusiller du regard les types qui essayent de t'embrouiller.

Ce sentiment d'impuissance face à ces regards qui te déshabillent de bas en haut sans aucun respect.

Tu ne peux pas danser sans te faire draguer ou passer pour une allumeuse, alors que toi, tu aimerais juste pouvoir te défouler.

Tu ne dois pas te vexer aux paroles d'un homme qui te lance à la dérobée : « Je te baiserais bien. » C'est un compliment.

Non, t'habiller en minijupe ne justifie aucun regard lourd de sous-entendus, aucune parole déplacée, aucun geste indécent.

Tu veux réserver une place en train-couchette, et tu découvres qu'il existe maintenant des compartiments réservés aux femmes.

Tu fais du stop. Tu t'habilles moche pour ne pas « provoquer ».

Quand tu réserves un Blablacar, tu privilégies les conductrices. C'est con, mais ça te rassure.

Tu aimerais désexualiser les hommes quand tu les rencontres, mais c'est plus fort que toi : tu n'oublies jamais qu'ils ont une bite.

C'est un réflexe, tu ne peux pas lutter : tu vois en chaque homme un prédateur sexuel potentiel.

En 2012, un député espagnol a déclaré : « Les lois, c'est comme les femmes, elles sont faites pour être violées. »

Tu écoutes les infos et tu apprends que 27 % des Français·es pensent que l'auteur d'un viol est moins responsable si la femme portait une tenue aguichante.

Quand DSK abuse d'une femme de chambre, c'est simplement, pour d'autres hommes politiques, du « troussage de domestique ».

Quand le député Denis Baupin est accusé de harcèlement sexuel, un pote commente : « On le comprend, il a Emmanuelle Cosse dans son lit. »

Tu te demandes si tous les artistes dont tu aimes le travail vont se révéler être de véritables connards dégueulasses.

Julien Blanc, « coach en séduction », dévoile ses techniques de « drague » durant ses conférences à 3 000 dollars l'entrée. « Si vous êtes un homme blanc à Tokyo, vous pouvez faire comme bon vous semble. Je me suis baladé dans la rue, j'attrapais leur tête et, hop, directement sur mon sexe. Même avec des groupes, une par une ou deux par deux, elles étaient ravies comme jamais. »

Tu couches avec ce type pour la première fois. Il te plaque ventre contre mur, t'emprisonne les poignets, et te bourre violemment. Tu te débats, lui demande d'arrêter, il te répond : « T'aimes ça, hein ? »

Tu parles avec une amie de la période où tu enchaînais les « coups d'un soir ». Tu te surprends à lui dire que tu as eu « de la chance », tu n'es tombée que sur des mecs « corrects » qui acceptaient, même au dernier moment, que tu leur dises non.

Une copine te raconte la nuit qu'elle a passée avec un ami que vous avez en commun : « C'était comme s'il me violait, mais je ne voulais pas le blesser alors je l'ai laissé faire. »

Votre nuit ensemble : « T'aimes ça, hein ? Petite garce... Petite pute... » Au début, tu penses qu'il dit ça pour rigoler.

Tu lui dis : même si elle était « consentante », ça ne change rien au fait qu'elle avait seize ans, toi quarante, et qu'elle était bourrée et défoncée.
Tu lui dis : le sexe n'est pas qu'une question de consentement mais aussi de désir.

Tu lui dis : même si elle était consentante, si elle ne bouge pas et ne fait aucun bruit, pose-toi des questions.
Tu lui dis : même si elle a accepté de venir boire un verre chez toi, ça ne veut pas forcément dire qu'elle s'est engagée à coucher.
Tu lui dis : elle a le droit de changer d'avis.
Tu lui dis : elle a le droit de changer d'avis même pendant le sexe.
Tu lui dis : le consentement, ce n'est pas juste avant, mais tout le temps.

Tu lis dans un article sur les jeux vidéo que «*Custer's Revenge* met le joueur dans la peau d'un général dénudé qui doit éviter des flèches pour violer une Indienne»…

Tu as entendu que le viol était considéré comme une arme de guerre.

Tu rejettes les euphémismes, tels que «tournante», au lieu de «viol en réunion».

Tu apprends dans un article sur le dernier *Tomb Raider* qu'une surprise de taille attend l'héroïne : «La miss est plaquée au sol; les mains attachées dans le dos […] L'ambiance sonore est saturée des gémissements de la belle et des insultes grivoises proférées par ses agresseurs […]. Faire subir de tels supplices à l'une des figures les plus emblématiques du jeu vidéo, c'est tout simplement génial. Et si j'osais, je dirais même que c'est assez excitant. »

Tu découvres avec effroi les mots que l'on associe au viol : « calvaire charnel », « pénétration simulée », « viol honnête », « viol légitime », « incident », « dérapage », « viol simple », « viol réel », « viol aggravé », « viol forcé », « viol consenti »…

Tu ne supportes plus qu'on parle des « pulsions » de ces pauvres mâles frustrés pour justifier les agressions sexuelles, les viols. Bon nombre de femmes sont frustrées elles aussi, mais très peu d'entre elles commettent ces crimes.

Tu regardes un documentaire sur les abus sexuels au sein de l'Église catholique, plusieurs religieuses témoignent : viols, prostitution et avortements forcés par des prêtres.

Horrifiée, tu entends les paroles de Todd Akin, membre du Congrès américain, au sujet de l'IVG : « S'il s'agit d'un viol légitime, le corps féminin a des moyens d'empêcher le processus, c'est-à-dire de ne pas tomber enceinte. »

Tu apprends que deux entrepreneuses américaines ont inventé une culotte antiviol équipée d'un microcadenas avec un code à quatre chiffres. Comme si moderniser le concept de ceinture de chasteté était une solution…

Quand tu en parles autour de toi de cet article d'une ethnologue sur les sociétés « sans viol », personne ne veut te croire. On te répond qu'il y en a toujours eu et qu'il y en aura toujours. Comme si le viol était naturel et non pas culturel.

Parmi toutes les personnes que tu connais qui ont été violées, aucune n'a porté plainte. Quand tu sais que déjà officiellement, en France, une femme est violée toutes les sept minutes, tu n'oses imaginer quel doit être le chiffre réel.

25 novembre, journée contre les violences faites aux femmes. Tu apprends qu'une de tes copines vient d'être violée. Comme deux cent cinq autres femmes en France ce jour-là.

Coupe d'Europe de foot, tes colocs ont invité des potes à eux. L'un d'eux te fait des avances que tu déclines. Pendant la pub, tu te lèves pour aller aux toilettes. Il lance : « C'est de ta faute aussi, à toi, avec tes fesses, là, la prochaine fois, j'entre dans ta chambre et je te viole. »

Tu es en CM1, tu passes les récréations enfermée dans les toilettes avec ta meilleure amie, pour échapper aux garçons qui essayent de vous toucher les fesses.

Ton collègue te touche le cul presque à chaque fois qu'il passe derrière toi. Tu finis par le gifler. Ta supérieure t'engueule. Quand tu lui expliques la situation, elle te répond que ce n'est pas une raison, qu'on ne fait pas ça devant les clients.

Un ami finit le massage du dos qu'il était en train de te faire. Quand tu te retournes pour te relever, il frappe ton visage avec son sexe.

Tu es dans les premiers rangs d'un concert en plein air. Tu profites de la musique, bougeant en rythme la tête. Tu te sens bien. C'est à ce moment qu'une main rapplique par-derrière, s'immisce entre tes fesses et vient palper ton sexe au travers de ton jean.

Au lycée, il y avait ce groupe de mecs qui organisaient régulièrement des fêtes bien arrosées. Leur objectif était de faire boire au maximum les filles et de les attirer dans un lit. Celui qui avait couché dans la même soirée avec le plus de nanas différentes, conscientes ou inconscientes, avait gagné.

Tu ne comprends pas quelle satisfaction on peut bien avoir à se taper une nana complètement bourrée, à demi-inconsciente.

Tu as quinze ans, dans une soirée, des «potes» mettent des somnifères dans ton verre et celui de ta copine. Leur plan foire, un de leur bande les boit par erreur et s'endort profondément. Tu te demandes s'ils sont arrivés à leurs fins avec d'autres filles.

Tu rejoins des amis dans un bar. Quand tu vas aux toilettes, tu t'effondres sur le sol. Tu n'arrives plus à bouger. Tu ne comprends pas, tu n'as bu qu'un demi. Tu réalises qu'on t'a droguée.

Dans les bars, dans les concerts, dans les fêtes bondées, tu emportes toujours ton verre quand tu vas aux toilettes de peur qu'on y verse du GHB.

Tu te dis que tu ne dois pas trop boire, qu'il y a toujours un risque.

Dans ta coloc, tu te lèves le lendemain d'une grosse fête. Un des invités te sort : «Cette nuit, j'suis venu chercher un duvet dans ta chambre. Tu dormais à poings fermés. Mais t'as vu, je suis sympa, j'ai même pas soulevé ta couette pour voir ton corps, j'ai même pas essayé de te toucher. J'aurais pu te violer, t'sais.»

Quatre heures du mat', un pote de ton coloc, qui t'a déjà draguée agressivement, débarque à l'improviste et entre dans ta chambre. Il te demande s'il peut dormir avec toi, tu refuses. Un quart d'heure après, il revient. Après avoir réussi à le virer, tu démontes ta poignée de porte.

Vous êtes dans le métro, vous rentrez chez vous après une soirée resto-cinéma, il te regarde dans les yeux et déclare sèchement : « Moi, mon fantasme, c'est de violer une femme. »

Petite, cette scène dans *Autant en emporte le vent* te mettait toujours mal à l'aise sans que tu saches pourquoi : Rhett Butler, complètement ivre, emmenait de force Scarlett O'Hara dans sa chambre. Tu ne connaissais pas à l'époque les termes décrivant ce que tu voyais : un viol conjugal.

Tu n'as pas envie de lui, mais tu le laisses te toucher, pensant que tu l'as trop « allumé », que tu ne peux plus faire marche arrière.

Tu as appris à ne pas séduire, à ne pas « tenter ».

En vacances, tu ne souhaites pas partager ton lit avec un pote. On te traite de « princesse ». Faut-il leur expliquer combien de fois on en a déjà profité ?

Un jour, le père de ta copine de CP a mis sa main dans ta culotte. Tu as pleuré, couru dans l'appartement, trouvé le téléphone et appelé tes parents pour qu'ils viennent te chercher. Quand ils sont arrivés, le mec leur a dit que tu étais immature parce que tu étais incapable de passer une après-midi sans eux. Tu avais six ans.

Tu as quatorze ans lorsque tu oses enfin avouer à ta mère que ton oncle t'a touchée sexuellement il y a deux ans. Elle te traite de sale menteuse, et t'ordonne de n'en parler à personne. Tu attendras d'avoir dix-huit ans pour arriver à en parler à quelqu'un d'autre.

Tu avais seize ans quand tu as été droguée et violée par plusieurs mecs. Tu es tombée enceinte. Quand tu as demandé de l'aide à ta mère, elle ne t'a pas crue, pensant que tu avais fauté. Tu as dû te débrouiller toute seule pour avorter.

Le viol, c'est ton corps réduit à un objet, simple mécanique aux pièces interchangeables.

Dès que tu es seule avec un homme, n'importe lequel, il y a toujours dans ton esprit une potentialité d'agression sexuelle.

Tu fais partie d'une équipe de maraude. Ta collègue incite vivement une SDF à se laver, à se coiffer, pour qu'elle se sente « mieux dans son corps ». De retour dans la rue, la SDF est violée, le soir même.

Tu les entends proférer qu'ils ne comprennent pas pourquoi les filles abusées ne mordent pas la bite qu'on leur enfonce dans la bouche. « Elles devraient, ces mecs sont des connards, non ? T'en penses quoi ? » On te regarde. Tu penses que tu n'aimes pas le goût du sang qui n'est pas le tien. Tu penses que tu as été faible. Tu as honte.

Tu faisais du stop. « Tu m'as rendu fou », dit l'un d'eux en rajustant sa braguette pendant que tu pleures. Tu n'as pas osé crier de peur qu'en plus il te frappe.

Tu as été abusée alors que tu étais inconsciente, tu n'es pas sûre qu'il y ait eu pénétration, alors cela te prend dix ans pour réussir à mettre le mot « viol » sur ce qui t'est arrivé.

Le jour où tu as pris conscience qu'il s'agissait bien d'un viol, tu pouvais encore porter plainte, mais tu pensais que pour toi, maintenant, tout ça c'était du passé, que ça ne t'apporterait rien de plus d'aller témoigner. Aujourd'hui qu'il est trop tard, tu regrettes.

Tu t'en veux de ne pas l'avoir dénoncé, de ne pas l'avoir informé de la gravité de son acte, pour éviter qu'il le refasse, pour qu'il comprenne ce qu'il a fait.

Tu as du mal à mettre des mots dessus, mais, oui, c'était bien un viol, même si lui ne dira pas les choses comme ça.

Plus tu parles de tes traumatismes sexuels, plus tu constates qu'ils sont largement partagés.

Tu accompagnes une amie déposer plainte pour viol. Quand pour la troisième fois le flic lui répète : « Êtes-vous sûre que dans votre comportement rien ne pouvait prêter à confusion ? Pourquoi n'avez-vous pas pris la fuite ? Vous savez, il ne faut pas boire comme ça quand on sort le soir entre copines », quelque chose se rompt à l'intérieur de toi.

Tu n'en peux plus de lire de la pitié dans les yeux des personnes auxquelles tu le racontes.

Tu as été violée alors que tu rentrais chez toi. Arrivée, tu expliques ton retard : tu as été agressée. Par un type. Ton frère demande : « Tu étais habillée comme ça ? Eh ben dis donc, il avait faim. » Et ils retournent à leurs assiettes.

Quand tu lui parles de ton viol, il te rétorque : « Si ça t'était vraiment arrivé, tu n'en parlerais pas. » En tant que victime, tu es condamnée à te taire.

Tu as été violée, tu penses que c'est de ta faute, tu n'avais qu'à ne pas trop picoler.

Tu as le droit d'être en colère.

Tu as le droit de le haïr.

“COMME UNE ÉPÉE DE DAMOCLÈS”

Lors d'une soirée, tu es assise à côté d'un groupe de mecs. Tu entends : «J'ai jamais frappé une femme de ma vie, mais elle, putain, elle vaudrait le coup ! » Éclat de rire général.

À la fin du concert, ta copine et toi discutez de ton ex violent qui est venu te narguer alors que tu tenais le bar. Un copain du squat saisit la conversation au vol. En chevalier blanc, il s'insurge et explique que, face à ce genre de problème, il faut prévenir les habitants, histoire de virer le connard et de protéger la demoiselle. Il demande l'identité de l'agresseur pour prendre des mesures. Tu lui révèles son nom et il répond : «Ah, lui ? Mais il est juste mytho, pas violent ! »

Il t'explique, très sûr de lui, que s'il y a autant de violences envers les femmes, c'est parce que celles-ci ont pris trop d'importance dans la société et que, forcément, les mecs se sentent menacés et «se vengent».

Et toi tu te demandes ce que tu fous avec un type qui tient des discours pareils.

Quand il est énervé et bourré, ton mec te traite de pute.

Il ne t'a jamais frappée, mais tu sais que cela aurait très bien pu arriver, que ça te pendait au-dessus de la tête comme une épée de Damoclès. Tu ne sais pas comment tu aurais réagi.

Le jour où tu as largué ton conjoint, il t'a giflée et étranglée. En sept ans de relation, il n'avait jamais levé la main sur toi.

Ton mari, énervé, te lance un fer à repasser à la figure.

Les réactions après la mort de Marie Trintignant t'ont donné la nausée, cette façon d'excuser un meurtre au nom de « la passion », de le transformer en un « geste romantique »...

Tout le monde connaît ces chiffres : une femme est assassinée par son conjoint ou ex-conjoint tous les trois jours. Tu apprends qu'ils sont en forte hausse.

Tu sais que pour donner une existence objective à une chose, il faut la nommer. Le mot « féminicide » n'est entré dans le dictionnaire qu'en 2015.

La communauté en ligne Incel (pour « *involuntary celibacy* ») regroupe des suprémacistes masculinistes (souvent américains, blancs et racistes) revendiquant dans des discours ultrahaineux leur misogynie et le passage à la violence. De cette communauté sont issus plusieurs tueurs de masse glorifiés ensuite par leurs pairs.

Tu es en voiture. Ton ex te poursuit. C'est dangereux. Tu t'arrêtes sur le bord de la route pour alerter le premier flic que tu croises. Ton ex intervient : « Ce n'est rien, monsieur l'agent, vous connaissez les femmes. » Le flic te regarde et te demande de ne pas faire de scandale.

Ton mari t'a menacée avec un revolver. Tu mets quelques personnes dans la confidence, mais tu ne veux surtout pas que cela fasse de vagues.

Tu écoutes la radio : une femme a été condamnée à dix ans de prison pour avoir tué son mari violent ; la légitime défense, ça ne marche que pour les flics et les militaires ?

Quand tu es allée déposer une main courante parce que ton conjoint menaçait de vous tuer, toi et ton fils, tu as été surprise de rencontrer un homme attentif et à l'écoute au commissariat de police. Tes copines n'avaient pas eu cette « chance ».

Tu les entends dire, en roulant des épaules, que si un type s'en prend à leur fille, leur sœur, leur copine, ils l'attendront au coin d'une ruelle sombre pour le démolir. Tu penses à ce type qui t'a planté un cutter dans la joue. Et à ton père, tes frères, tes copains, qui n'ont rien fait.

Comme il n'aime pas que tu sortes le soir, tu profites des jours où il travaille pour voir tes amies en douce. Tu les quittes toujours presque trop tard. Et tu cours jusqu'à chez toi. Priant pour arriver avant lui.

Quand tu t'endors dans votre lit conjugal, tu as peur qu'il te frappe pendant ton sommeil.

Quand tu entends sa clé tourner dans la serrure, tu ne peux pas t'empêcher de sursauter. Tu ne sais jamais quel prétexte il aura trouvé pour te tomber dessus.

Quand vous vous engueulez violemment et qu'il frappe de son poing le mur, tu t'imagines toujours à la place du mur.

Tu n'oses pas quitter ton mec parce que tu as peur qu'il te tue.

“QUELQUES PISTES POUR ALLER PLUS LOIN”

Livres

Essais

Frag Baroque & Tegan Eanelli, *Vers la plus queer des insurrections*, Libertalia, 2016

Catherine Bodet et collectif, *Fabriquer l'égalité. Manifeste pour en finir avec le sexisme dans l'économie sociale et solidaire*, Les Éditions de l'Atelier, 2019.

Iris Brey, *Le Regard féminin, une révolution à l'écran*, Éditions de l'Olivier, 2020

Judith Butler, *Trouble dans le genre*, La Découverte, 2015

Mona Chollet, *Beauté fatale, les nouveaux visages d'une aliénation féminine*, Zones, 2012

—, *Sorcières, la puissance invaincue des femmes,* Zones, 2018.

Collectif, *Mon corps est un champ de bataille*, Ma colère, 2005

Virginie Despentes, *King Kong Théorie*, Grasset, 2006
Elsa Dorlin, *Se défendre*, Zones, 2017
Barbara Ehrenreich, Deirdre English, *Sorcières, sages-femmes et infirmières, une histoire des femmes soignantes*, Cambourakis, 2014
Natacha Henry, *Les filles faciles n'existent pas*, Michalon, 2008
—, *Les Mecs lourds ou le paternalisme lubrique*, Gender Company, 2011
Bibia Pavard, Florence Richefort, Michelle Zancarini-Fournel, *Ne nous libérez pas, on s'en charge ! Histoire des féminismes de 1789 à nos jours*, La Découverte, 2020
Beatriz Preciado, *Testo junkie*, Grasset, 2008
Élise Thiébaut, *Ceci est mon sang. Petite histoire des règles, de celles qui les ont et de ceux qui les font*, La Découverte, 2017
Françoise Vergès, *Un féminisme décolonial*, La Fabrique, 2019
Irène Zeilinger, *Non, c'est non. Petit manuel d'autodéfense à toutes les femmes qui en ont marre de se faire emmerder sans rien dire*, Marabout, 2008
Itziar Ziga, *Devenir chienne*, Cambourakis, 2020

Bandes dessinées

Emma, *La Charge émotionnelle et autres trucs invisibles*, Massot, 2018

Liv Strömquist, *L'Origine du monde*, Rackham, 2016
—, *I'm Every Woman*, Rackham, 2018

Documentaires

Virginie Despentes, *Mutantes (Féminisme Porno Punk)*, 2009, Blaq Out
Amandine Gay, *Ouvrir la voix*, 2018, Bras de fer
Émilie Jouvet, *Too Much Pussy !*, Solaris, 2010
Barbara Miller, *#Femalepleasure*, 2018, Mons Veneris Films GmbH
Ovidie, *À quoi rêvent les jeunes filles ?*, 2014, Diffusion Infrarouge / France 2

Podcast

Charlotte Bienaimé, Un podcast à soi, Arte radio, https://www.arteradio.com/emission/un_podcast_soi
Victoire Tuaillon, *Les couilles sur la table*, Binge Audio, https://www.binge.audio/podcast/les-couilles-sur-la-table

Sites

https://www.noustoutes.org
https://regalonsnoussite.wordpress.com

REMERCIEMENTS

Tou·te·s celleux qui ont participé à l'écriture de ce recueil, aux ateliers ainsi qu'aux lectures publiques.

Henri Clerc et Lucas Ottin pour la relecture.

Notre éditrice, Lina Pinto, pour son accompagnement et sa confiance.

Sony, Philippe, Henri, Christophe, Débo, Riwal, Eva, Béatrice, Jacques, Adeline, Grégoire, Paulina et tou·te·s celleux qui nous ont apporté soutien et conseils tout au long de l'écriture de ce livre.

Ivan, Virginie et Paco pour leurs précieux avis de libraires.

Le bar-brocante *Eva Pritsky* pour avoir accueilli nos ateliers d'écriture.

Les lieux et organisations qui nous ont accueilli·e·s pour des lectures publiques : *Chair de poule* (Paris), le Salon des Voix mortes au *Raymond Bar* (Clermont-Ferrand), *Le Remue-Méninges* (Saint-Étienne), Radio Canut (Lyon), *Eva Pritsky* (Paris), le Café Poésie nomade (Paris), *Les Abelucs* (Annonay), Ingrid (Marseille).

Et un grand et chaleureux merci à toute notre communauté Instagram. Merci pour vos messages de soutien et pour votre confiance.

TABLE

Composition : IGS-CP
Impression : Normandie Roto s.a.s. en mars 2021
Éditions Albin Michel
22, rue Huyghens, 75014 Paris
www.albin-michel.fr

ISBN : 978-2-226-45680-9
N° d'édition : 24238/01
Dépôt légal : avril 2021
N° d'impression : 2101214
Imprimé en France